ENIGMAS DE LA

BIBLIA

Al DESCUBIERTO

Rolando Pérez Sánchez

La misión del Ministerio Sobre los Montes y Collados es proporcionar aquellos recursos necesarios para el crecimiento de la Vida Cristiana, por medio de la enseñanza Bíblica.

Sobre Los Montes Y Collados
Guantánamo, Cuba
Adaptación de la cubierta: *Rolando Pérez Sánchez.*
ISBN: 9798590055166
Categoría: Apologética

E-mail: sobrelosmontesycollados@gmail.com
www.facebook.com/rolando.perezsanchez.31

Independtly Published

CONTENIDO

DEDICATORIA

A mi querida hija, pues, te ha tocado compartirme en innumerables ocasiones, para que pudiera cumplir con mis responsabilidades en el ministerio y en otros aspectos de la vida. Este libro es un reflejo de mis deseos más, de que cuando tengas la capacidad de leer, seas instruida en algunos aspectos aparentemente oscuros en la Biblia, y así encuentres fuerza y la sabiduría para confiar en Dios y en Su Palabra escrita. Que cada página te inspire a buscar la verdad y a cultivar una fe sólida que te guíe en cada paso de tu camino.

AGRADECIMIENTOS

En primer lugar, quiero expresar mi más sincero agradecimiento a mi Padre celestial, quien día tras día me inspira a profundizar en Su preciosa Palabra. Él es mi fortaleza, y todo lo que tengo proviene de Su precioso Espíritu. Asimismo, deseo rendir homenaje a mi hermosa esposa, quien me motiva cada día con su amor y sabiduría. Su presencia en mi vida es un regalo invaluable que enriquece mi camino y mi crecimiento personal.

INTRODUCCIÓN

La Biblia es un libro sagrado, venerado y estudiado por millones de personas alrededor del mundo. Sin embargo, más allá de sus enseñanzas espirituales y morales, este antiguo texto esconde una serie de enigmas y misterios que han desconcertado a eruditos y creyentes por igual. ¿Cómo surgieron las razas? ¿Cuál es la verdadera procedencia de los Gigantes mencionados en Génesis 6? ¿Qué nos dicen los descubrimientos arqueológicos sobre los relatos bíblicos? Con una mirada crítica y una mente abierta, nos adentraremos en el corazón de estos enigmas, buscando respuestas que iluminen nuestro entendimiento y enriquezcan nuestra fe. El ser humano se esfuerza al máximo por encontrar respuestas a sus dudas, especialmente aquellas relacionadas con lo espiritual, lo paranormal o lo religioso. Pero, aunque la Biblia contiene pasajes difíciles que requieren la guía e iluminación del Espíritu Santo, no todo en ella es un misterio impenetrable.

El problema radica en que muchas interpretaciones erróneas provienen de una pobre exégesis o de técnicas inadecuadas de interpretación. Este libro es una elección exclusiva y valiosa que puedes hacer para comprender algunos de los temas doctrinales que más desacuerdos han generado entre los creyentes. No es ningún secreto que la filosofía y la ciencia, en muchos aspectos, han intentado ridiculizar a la Biblia. Tan grande ha sido la influencia de los escépticos e incrédulos, que incluso algunos predicadores reconocidos internacionalmente han atribuido errores a las Escrituras. No obstante, si bien es cierto que algunos sucesos narrados en la Biblia son polémicos, cada suceso o doctrina es completamente pura y exacta. Por eso, Cristo enseñó a sus discípulos que la fuente de la Vida Eterna está en la Palabra (Juan 5:39), y el verbo griego que usó para la acción de "*Escudriñar*" fue ἐραυνάω *(eraunáō)*, que básicamente se usaba para referirse a un examen minucioso de algo, tratando de averiguar los detalles menos manifiestos.

Este es el primer tomo, de una serie de estudios apologéticos y exegéticos que tienen como principal objetivo demostrar, incluso, con pruebas científicas, que la Biblia no posee errores en sí misma. Este primer volumen, por tanto, recogerá una colección de estudios que exhiben la interpretación más adecuada de algunos tópicos que han estado ocultos por siglos, y que, para aquellos que les apasiona investigar y resolver misterios, será un viaje muy gratificante. Matthew Henry aconseja a la iglesia lo siguiente: *"Escudriñemos diariamente las Escrituras, suplicando al Señor que nos capacite para entender, creer y obedecer su Palabra, para que nuestra obra y nuestro camino sean aclarados y que todo pueda empezarse, continuarse y terminarse en Él".* [1]

Es el deber de la Iglesia defender la verdadera y sana doctrina, de hecho, esas fueron las palabras de exhortación de Pablo a Timoteo, de que toda la Escritura es inspirada por Dios (1 Tim 3:16). Es nuestro deseo que usted sea edificado grandemente con este libro y que su fe se fortalezca al descubrir la veracidad y perfección de la Palabra de Dios. Así que, prepárate para cuestionar lo conocido y descubrir lo desconocido. Este libro no solo te llevará a través de un viaje de descubrimiento intelectual, sino que también te inspirará a profundizar en tu propia búsqueda espiritual. Los enigmas de la Biblia están a punto de ser revelados. ¿Estás listo para desentrañar sus misterios?

---

[1] Matthew Henry. *Comentario De La Biblia Matthew Henry En Un Tomo.* (Miami: Editorial Unilit, 2003), 314.

EL CÓDIGO NEFILIM:
¿Fue el diluvio una intervención quirúrgica en el genoma humano?

Las historias y leyendas sobre seres de proporciones gigantescas han fascinado a la humanidad. Siempre se les ha descrito como Criaturas de fuerza y tamaño sobrehumanos, capaces de hazañas asombrosas, y por ello, han sido parte del imaginario colectivo de diversas culturas a lo largo de la historia. Sin embargo, más allá de los relatos mitológicos y folclóricos, ¿existe alguna evidencia real de la existencia de gigantes en el pasado? ¿Fueron seres reales o simplemente fruto de la imaginación y el mito? Muestro primer capítulo, será un fascinante viaje a través del tiempo, explorando los enigmáticos vestigios y relatos que podrían revelar la verdad detrás de estos seres legendarios. Acudiremos a registros históricos y arqueológicos, además de las narraciones bíblicas y las tradiciones orales. Nuestro propósito es analizar cuidadosamente cada pista y evidencia para desentrañar el misterio de los gigantes de la antigüedad.

Raíces históricas y culturales

La presencia de gigantes en el registro antiguo no es un artificio literario de autores como Cervantes o Swift, sino el testigo fósil de una disrupción del orden creativo. Lo que la literatura ha trivializado como mito, la apologética debe tratar como la manifestación fenotípica de un genoma original afectado por mutaciones pituitarias extremas. La caída no solo afectó el espíritu, sino la carne. Pablo lo expresa así: *"La creación fue sujetada a vanidad"* (Romanos 8:20). Esa vanidad —esa distorsión— se manifestó en cuerpos que crecían sin armonía, en impulsos que se desbordaban, en mentes que no podían contener su violencia. Esta mutación, entonces, es una metáfora para explicar cómo el pecado **desregula el sistema de deseo y crecimiento**. Los gigantes no eran simplemente altos: eran seres cuyo cuerpo había sido arrastrado por la corrupción espiritual.

Su tamaño era la expresión física de un desorden interno. Eran, por así decirlo, **pecado encarnado**. Algunos críticos argumentan que es imposible vincular pecado con biología. Pero la Biblia nunca separa al ser humano en compartimentos. El pecado afecta:

- la mente
- el cuerpo
- la conducta
- la descendencia
- la historia

Cuando Génesis dice que los *nefilim* eran "hombres de renombre", no los está elogiando: está señalando que su fama provenía de su violencia. Su tamaño era solo la superficie de un problema más profundo: la humanidad había mutado moralmente, y esa mutación se filtró al cuerpo. No estamos ante un 'error de escala' de la evolución, sino ante la realidad de los Naphil: aquellos que, mediante su violencia y poder desmedido, arrastraron a la civilización hacia una corrupción que solo pudo ser purificada por el Diluvio.

Gilgamesh, el gigante de la mitología sumeria

Conocido como Istubar, es un personaje legendario de la mitología sumeria, y una figura central en la literatura y la cultura de la antigua Mesopotamia. Su historia, ha perdurado a lo largo de milenios y no solo refleja la grandeza de una civilización, sino que también aborda temas universales como la amistad, la muerte y la búsqueda de la inmortalidad. Según el documento llamado lista Real Sumeria, fue el quinto rey de Uruk entre el año 2650 a. C y 2700 a.C. Su existencia está respaldada por inscripciones cuneiformes que se han encontrado en diversas tablillas de arcilla. Dichas inscripciones no solo mencionan su nombre, sino que también relatan su fama y sus hazañas, lo que permite a los historiadores establecer un vínculo entre el personaje mítico y el rey histórico.

Según el *Sumerian King List,* este personaje gobernó durante 126 años, aunque se cree que se trata de una cifra más simbólica que literal, según lo comenta Kramer, pues la idea de los antiguos era enfatizar su naturaleza casi divina.[2] También en el *Epic of Gilgamesh,* otra de las obras literarias más antiguas conocidas, compuesta en varios idiomas y dialectos a lo largo de los siglos, se narra en forma de poema épico, las aventuras de Gilgamesh y su amigo Enkidu, un ser primitivo, incivilizado e incluso practicante del bestialismo, aunque no deja de ser un personaje positivo, como creado por los dioses para equilibrar la arrogancia del rey. Según Mitchell, estos personajes enfrentan a monstruos y emprenden una búsqueda por la inmortalidad, y la narrativa culmina en la realización de que la inmortalidad se encuentra en las hazañas y el legado que uno deja atrás.[3]

A menudo era descrito como un "gigante" no solo por su tamaño físico, de una altura en codos de 12.25, equivalente a 5,60 metros, sino también por su fuerza y su papel como un héroe cultural. Las excavaciones en Uruk han revelado impresionantes estructuras arquitectónicas, como las murallas de la ciudad y el templo de Ishtar, que atestiguan la sofisticación de la civilización sumeria. Dalley observa que los arqueólogos han encontrado numerosas tablillas cuneiformes que contienen fragmentos del *Epic of Gilgamesh,* lo que ha permitido a los investigadores reconstruir la historia y su contexto cultural.[4]

Prometeo, el gigante de los hiperbóreos

Se le conoce como el gigante de los hiperbóreos, y es una figura mitológica que ha fascinado a la humanidad durante siglos. Su historia, enraizada en la antigua Grecia, nos revela mucho sobre las creencias, valores y temores de la civilización helena. Su nombre significa "*el que piensa por adelantado*", era un titán que según Hesíodo en su obra

2 Samuel Noah Kramer. *History Begins at Sumer: Thirty-Nine Firsts in Recorded History:* (Philadelphia, PA: University of Pennsylvania Press, 1963), 36

3 Stephen Mitchell. *Gilgamesh: A New Translation:* (London: Penguin Classics, 1999), 45

4 Stephanie Dalley. *Myths from Mesopotamia: Creation, the Flood, Gilgamesh, and Others*: (Oxford: Oxford University Press, 1989), 78

Teogonía, había sido procreado por el titán Japeto y la oceánide Clímene.[5] Los hiperbóreos[6], por su parte, eran un pueblo mítico que vivía al Norte de Tracia, en algún lugar del noreste de Asia, o cerca del mar Negro. Según la mitología, le dieron a Prometeo el fuego que luego entregaría a los humanos.

Sin embargo, la historia más conocida de Prometeo es su robo del fuego a los dioses del Olimpo para dárselo a los seres humanos. Se dice que Prometeo engañó a Zeus haciéndole creer que le ofrecía un sacrificio cuando en realidad escondió la carne y los huesos, dejando solo grasa y huesos para quemar. Como castigo, Zeus le negó el fuego a la humanidad, pero Prometeo se las arregló para robarlo del carro del sol y entregárselo a los mortales escondido en una cañaheja.[7] Al enterarse del robo, Zeus enfureció y encadenándolo a Prometeo a una roca en el Cáucaso, donde un águila devoraba su hígado regenerativo cada día. Sólo fue liberado años después por Heracles. Para los griegos, Prometeo representaba el espíritu rebelde y el desafío a la autoridad divina. Sin embargo, los estudiosos modernos también ven en él un símbolo del progreso y la innovación.

Los Cíclopes de la Odisea de Homero.

Éstos fueron criaturas míticas de la literatura griega, particularmente conocidos a través de la obra de Homero, *La Odisea*. Eran gigantes, descritos como seres de un solo ojo, y capturaron la imaginación de generaciones de tal manera, que han sido objeto de estudio tanto en la literatura como en la arqueología. Homero los describió como pastores gigantes que vivían en una isla remota y llevan una vida primitiva y solitaria. Polifemo, el más famoso de ellos, es el protagonista de uno de los episodios más memorables de la obra. Según Homero, cuando Odiseo y sus hombres llegan a la isla de los Cíclopes, son capturados por Polifemo, quien se los devora uno a uno.

[5] Hesíodo. *Teogonía*: (Madrid, España: Gredos, 1978), 521-22

[6] Del griego *υπερ βορεια,* o sea, *Hyper Boreas*, que significaba: *"más allá del norte"*.

[7] Esquilo. *Prometeo encadenado*: (Madrid, España: Cátedra, 1986), s.p

Sin embargo, Odiseo logra engañarlo, presentándose como "Nadie" y, tras embriagarlo, le clava una estaca en el ojo, permitiendo así su escape.[8]

Homero no solo resaltó la fuerza física de estos seres, sino también su falta de civilización y su brutalidad. Además, los utilizó para contrastar la astucia y la inteligencia de Odiseo, quien representa el ideal del héroe griego. Según Lefkowitz, estos Cíclopes fueron interpretados como una representación de los pueblos no helénicos que los griegos consideraban "bárbaros". Su vida aislada y su comportamiento agresivo pueden haber sido inspirados por las interacciones de los griegos con otras culturas durante el período arcaico. La figura del Cíclope puede haber sido influenciada por relatos de pueblos que vivían en las islas del Egeo y que llevaban estilos de vida más primitivos.[9] Otros estudiosos sugieren que la imagen del Cíclope podría estar relacionada con la cultura minoica, donde se han encontrado estructuras megalíticas que podrían haber inspirado la idea de gigantes. Meyer, comenta que la arquitectura de las antiguas civilizaciones, como las grandes construcciones de piedra, podría haber llevado a los griegos a imaginar seres que habitaban en tales edificaciones.[10]

Grabado representa al el gigante Polifemo, hijo de Poseidón y Thoosa, uno de los Cíclopes, descritos en la Odisea de Homero.

---

[8] Homero. *La Odisea*: (Madrid, España; Ediciones Akal, 1996), IX, 105

[9] Lefkowitz, M. R. *Women in Greek Myth*: (Baltimore: Johns Hopkins University Press, 1994), 112.

[10] Meyer, E. *The Archaeology of Ancient Greece*: (Cambridge: Cambridge University Press, 2008), 45

Evidencias Arqueológicas

Como el gran Heródoto, padre de la historia, una vez dijo: "*La arqueología es el ojo de la historia, iluminando los rincones más oscuros del pasado*". A través de esta disciplina noble y el estudio de los antiguos relatos, podemos obtener una visión más completa de cómo nuestros antepasados entendían el mundo que les rodeaba y cómo esas creencias han perdurado a través de los siglos. La arqueología se ha encargado de desentrañar muchos de los misterios que han intrigado a la humanidad durante milenios. Gracias a sus esfuerzos, hoy podemos conocer los secretos que estuvieron ocultos bajo tierra durante miles de años. Al sacar a la luz estas reliquias del pasado, se revela un mundo perdido de civilizaciones, culturas, costumbres y creencias de épocas remotas. Incluso los enigmas planteados en las Sagradas Escrituras han sido justificados y probados por la arqueología bíblica.

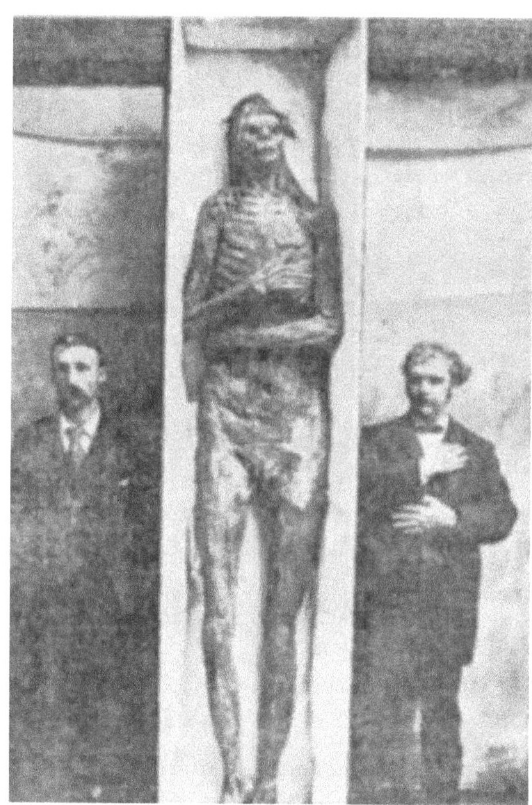

En una expedición reciente en la región norte de la India, se descubrieron los restos de un esqueleto de talla fenomenal. Según informó Vasili Matáyev, empleado de la sociedad arqueológica de la región de Krasnodar en el Cáucaso Norte, estos hallazgos datan de hace más de 4000 años. En un túmulo funerario perteneciente a la Edad de Bronce, se encontraron los restos de dos hombres y dos mujeres de proporciones gigantescas.[11] Tales descubrimientos emocionantes no solo confirman la existencia de seres de gran tamaño en el pasado, sino que nos obligan a reexaminar nuestras nociones preconcebidas sobre la historia de la humanidad. Excavaciones y descubrimientos arrojaron pruebas fehacientes de la existencia de los gigantes en la antigüedad. Otra sorprendente excavación realizada en las tierras de Dacia, la antigua provincia romana de Rumanía, ha revelado evidencia irrefutable de la existencia de gigantes en esa región.

Aunque algunos escépticos modernos puedan dudar de la veracidad de este hallazgo, el autor, no puedo sino afirmar con certeza que estas criaturas de proporciones colosales caminaron entre nosotros en un pasado remoto. Según los informes de los exploradores que participaron en esta excavación, se descubrieron restos óseos de una magnitud asombrosa, que desafían toda explicación racional si no es la existencia de seres humanos de talla gigantesca. Los huesos largos, las vértebras y los cráneos recuperados son de una escala que supera con creces la de cualquier individuo de nuestra era. Es como si hubieran pertenecido a una raza diferente, una especie hermana de la humanidad que alcanzó proporciones épicas. Estos hallazgos se suman a un creciente cuerpo de evidencia arqueológica que demuestra que la Tierra estuvo poblada en el pasado por seres de tamaño descomunal.

Desde las ruinas megalíticas de la antigua Grecia hasta los misteriosos moáis de la Isla de Pascua, los vestigios de una humanidad de escala titánica se encuentran diseminados por todo el globo.

- ¿Cómo explicar entonces estos restos gigantescos?
- ¿Fueron acaso una rama evolutiva diferente, una variante de Homo sapiens que floreció y se extinguió en los albores de la historia?

En Rumanía, en la década de 1940, los arqueólogos supervisaban una excavación en Argedava, Rumania, en busca de objetos de valor incalculable dentro de las ruinas de lo que fue la mayor ciudadela del líder Dacian Burebista. Los locales hicieron la mayor parte de la excavación y ellos estaban contentos de hacer algo extra durante esos tiempos difíciles. Entre ellos estaba

---

[11] https://www.infobae.com/america/cultura-america/2018/02/03/existieron-los-gigantes-todas-las-respuestas-de-la-arqueologia-los-mitos-y-la-literatura/: (Accedido el 24 de julio del 2024)

Lonita Florea, ahora un anciano en sus ochenta años.[12] Él fue quien desenterró un enorme cráneo, dos o tres veces el tamaño de uno normal. Cuando se notificó a los arqueólogos, los trabajadores fueron despedidos de forma inmediata y los investigadores retomaron las excavaciones por su propia cuenta

Los Gigantes en los Textos Bíblicos

En los textos bíblicos, también estas figuras colosales ocuparon parte de la historia de Israel. La narrativa bíblica ofrece un rico tapiz de historias que exploran la relación entre los gigantes y la humanidad, planteando preguntas profundas sobre el poder, la moralidad y la condición humana. Desde los enigmáticos Nefilim, cuya existencia se menciona en el Génesis, hasta los guerreros que se enfrentaron a héroes como David, estos gigantes son más que meras leyendas; son símbolos de la lucha entre lo divino y lo humano, lo sagrado y lo profano.

Los apócrifos

No todos los textos canónicos de las Sagradas Escrituras mencionan explícitamente a los gigantes, sin embargo, existen dos textos apócrifos que abordan este fascinante tema. El primero de ellos, conocido como el Libro de Baruc, advierte sobre el destino de estos seres de antigua fama y gran estatura, diestros en la guerra, pero que no fueron escogidos por el Señor ni hallaron la senda del conocimiento, por lo que perecieron (Baruc 3:24-28). Igualmente, el texto apócrifo de Enoc, bien conocido en los días de Cristo y los apóstoles. En sus páginas narra cómo, cuándo se multiplicaron los hijos de los hombres, les nacieron hijas hermosas que atrajeron la atención de los Vigilantes, hijos del cielo. Luego, esos seres celestiales tomaron por esposas a las mujeres humanas y engendraron una raza de gigantes de tres mil codos de altura (Enoc 6:1-2, 7:2-6).

Sin embargo, aunque el texto apócrifo de Enoc 6:1-2 ofrece datos intrigantes sobre ciertas doctrinas bíblicas y fue citado por apóstoles como

---

[12] C.1040. *Los encontrados en Rumania y el encubrimiento.* 03.05.2015: http://conspiraciones1040.blogspot.com/2015/03/los-gigantes-encontrados-en-rumania-y.html. (Último acceso: 11 de noviembre del 2017)

Pedro y Judas en sus epístolas (2 Pedro 2:4; Judas 6), no fue considerado una fuente completamente fiable en los cánones establecidos después del siglo primero. La razón principal de esta desconfianza radica en su enseñanza literal sobre la unión de ángeles con mujeres humanas, un concepto que Cristo puntualizó como imposible, al afirmar que los ángeles no se casan ni son dados en matrimonio (Mateo 22:30). Esta discrepancia con la enseñanza de Jesús subraya la importancia de discernir entre los textos canónicos y aquellos que, aunque puedan contener elementos valiosos, no cumplen con los criterios de inspiración divina que la Iglesia ha sostenido a lo largo de los siglos.

Aunque los relatos sobre seres sobrenaturales y criaturas mitológicas puedan ser fascinantes, nuestro enfoque como estudiosos de las Escrituras debe estar firmemente anclado en la Palabra de Dios, la única fuente infalible de verdad y sabiduría. Por eso, al abordar el misterio de los "Hijos de Dios" y las "Hijas de los Hombres" mencionados en el Libro de Génesis, es esencial realizar un análisis cuidadoso del texto hebreo original y su contexto histórico-cultural para llegar a una interpretación coherente con la enseñanza bíblica.

1. En primer lugar, el término hebreo "*bene ha'elohim*", ("hijos de Dios") puede referirse a seres celestiales en ciertos contextos (Job 1:6), pero también se aplica a los hombres en relación con Dios (Deuteronomio 14:1; Salmo 82:6). En Génesis 6, el contraste entre "hijos de Dios" y "hijas de los hombres" apunta a dos linajes humanos distintos: la descendencia piadosa de Set y la descendencia impía de Caín. Esta lectura es consistente con el flujo narrativo de Génesis, que presenta genealogías para mostrar la progresión del pecado y la fidelidad. Sin embargo, la unión de estos dos linajes no es un acto sobrenatural, sino una mezcla moral y espiritual: los descendientes de Set, llamados a vivir en santidad, se mezclaron con las hijas de los hombres, descendientes de Caín, y adoptaron sus prácticas corruptas. El resultado fue una generación marcada por la violencia y la arrogancia, descrita como "valientes, varones de renombre" (Gn. 6:4).
2. En segundo lugar, el texto enfatiza que los *nefilim* ya existían antes de estas uniones, lo cual demuestra que no son producto de una supuesta mezcla entre ángeles y mujeres. Además, el texto, infiere que los *nefilim* representan a hombres poderosos, guerreros violentos y líderes

arrogantes que encarnaban la corrupción de la humanidad. Ahora bien, la unión de los linajes solo intensificó la degeneración moral, pero no originó a los *nefilim*. Este detalle es crucial: si los *nefilim* ya estaban presentes antes, entonces la teoría de que nacieron de ángeles y mujeres se derrumba.

3. La Biblia misma refuta la interpretación de que ángeles y seres humanos puedan unirse sexualmente. Jesús mismo declara en Mateo 22:30 que los ángeles "ni se casan ni se dan en casamiento". Esta afirmación no es un detalle menor, sino un principio ontológico: los ángeles no poseen órganos sexuales ni fueron creados con la capacidad de reproducirse. Su función es servir a Dios como mensajeros, ministros y ejecutores de su voluntad, no como seres que participan en la procreación. Pretender que los ángeles se unieron físicamente a mujeres humanas es introducir una contradicción en la revelación bíblica, pues implicaría que Dios creó seres con capacidades que nunca les fueron asignadas. Además, la Escritura nunca presenta a los ángeles como tentados por la sexualidad humana. Las caídas angélicas descritas en la Biblia —como la rebelión de Satanás y sus seguidores (Isaías 14; Apocalipsis 12)— se centran en la soberbia, la ambición y la desobediencia, no en la lujuria. Reducir la rebelión celestial a un acto sexual es trivializar la profundidad del pecado angélico y desviar la atención de su verdadera raíz: la arrogancia contra Dios.

Defender esta postura es vital para la apologética cristiana. La idea de ángeles teniendo relaciones sexuales con mujeres no solo es bíblicamente insostenible, sino que abre la puerta a mitologías paganas y lecturas esotéricas que distorsionan la revelación. La Escritura no necesita apoyarse en fantasías mitológicas para explicar la gravedad del pecado: basta con reconocer que la humanidad, al mezclarse en desobediencia, se corrompió hasta el punto de provocar el juicio del diluvio. El relato de Génesis 6 no es un mito de dioses lujuriosos, sino una advertencia sobre la mezcla de lo santo con lo profano. Los "hijos de Dios" —descendientes de Set— abandonaron su llamado y se unieron con las hijas de los hombres, produciendo una generación marcada por la violencia.

Ahora bien, el juicio del diluvio fue la respuesta divina a una humanidad que había cruzado el límite de la corrupción moral. El hebreo antiguo nos ofrece una clave hermenéutica que ha sido poco explorada: el término נְפִיל (*Naphil*), raíz de donde proviene *nefilim*. La raíz verbal נפל(*naphal*) significa "caer", pero su campo semántico es más amplio: puede referirse tanto a los que han caído como a los que hacen caer. Este matiz es decisivo, porque no describe simplemente un estado pasivo de derrota, sino una acción activa de corrupción, de arrastrar a otros hacia la caída. En este sentido, los *nefilim* no eran meros gigantes físicos, sino figuras que encarnaban la violencia y la arrogancia, capaces de "hacer caer" a pueblos enteros en rebelión contra Dios. Así que la Biblia utiliza la raíz *naphal* en contextos que revelan su carga teológica.

1. En Isaías 14:12, el texto describe la caída de "Lucero, hijo de la mañana", usando la misma raíz para mostrar la rebelión cósmica de un ser celestial que se desploma por su soberbia.
2. En Lamentaciones 1:14, se habla de cómo las transgresiones "cayeron" sobre el pueblo, mostrando que el pecado no solo derriba al individuo, sino que arrastra colectivamente.

Así, el término *Naphil* aplicado a los *nefilim* conecta con esta dinámica: son los que caen en rebelión y, al mismo tiempo, los que hacen caer a otros en la corrupción. Por tanto, cuando Génesis 6:4 afirma que *"había nefilim en la tierra en aquellos días, y también después"*, el texto no está describiendo híbridos angelohumanos, sino una categoría de hombres que se convirtieron en símbolos de la degeneración. Su existencia previa a la unión de los "hijos de Dios" con las "hijas de los hombres" demuestra que no son producto de una mezcla sobrenatural, sino de una corrupción humana que ya estaba en marcha. Los *nefilim* son los caídos, pero también los que hacen caer: líderes violentos, guerreros arrogantes, figuras de renombre que usaban su poder para arrastrar a la humanidad hacia la rebelión contra Dios. No se trata de un mito de ángeles lujuriosos, sino de una descripción teológica de cómo la caída espiritual se manifiesta en la historia humana.

Libros Canónicos

La Biblia contiene otras referencias intrigantes, que apuntan a seres colosales que han despertado la curiosidad de estudiosos, creyentes y escépticos por igual. Un ejemplo notable se encuentra en el libro de Números, donde Moisés narra el testimonio de diez espías que, al explorar la tierra prometida, declararon con temor: *"También vimos allí gigantes, hijos de Anac, raza de los gigantes; y éramos nosotros, a nuestro parecer, como langostas; y así les parecíamos a ellos"* (Números 13:32-33; Deuteronomio 1:28). La mayoría de los espías, se sentían diminutos en comparación con estos seres, y se consideraron a sí mismos como "langostas" ante la imponente presencia de los gigantes, lo que sugiere un profundo sentido de desamparo y vulnerabilidad. Pero este temor no era infundado; recordemos que, en la mentalidad antigua, se percibía a los gigantes como seres casi sobrenaturales, de ahí el uso de algunos términos que se referían a estos seres:

1. REFAIM: Este término se refiere a un valle en Judá, cerca de Jerusalén, conocido como **עמק רפאים** *(emeq repaim),* que se traduce como "Valle de los Fantasmas". Caba aclarar, que el concepto de "fantasma" en la antigüedad no se asemeja al que conocemos hoy, para los antiguos hebreos, era sinónimo de "monstruo", lo que implica que esta denominación podría referirse a la naturaleza imponente de los gigantes. Por lo tanto, es más apropiado traducirlo como "Valle de los Hombres Altos", un lugar que evocaba la memoria de seres de gran estatura y poder.
2. REFAÍTAS: Los **רפאי** *(rafi)* eran habitantes de Canaán mencionados en Génesis 15:20 y nuevamente en 1 Crónicas 20:4. Este término se traduce como "gigante", y se asocia con los hijos de Anac (Deuteronomio 2:10-11, 20-21).
3. ZOMZOMEOS: Del hebreo **זמזמי** *(zamzummim),* que significa "zumbador". Este término se refiere a un pueblo de gran estatura que, debido a su tamaño, producía ruidos al caminar. Eran un pueblo grande y numeroso, y alto, como los hijos de Anac (Deuteronomio 2:20-21).

Anac, según Chávez, fue el ancestro de un antiguo pueblo que había habitado en la tierra de Israel, y a quienes se los concebía como raza de gigantes.[13] Por consiguiente su descendencia heredó la estatura, de ahí el título **ענק ה ילידי** *(yelide ha anaq),* traducidos como los nativos de Anac. Tenían tanta fama que había un refrán que los engrandecía: *"¿Quién se sostendrá delante de*

[13] Moisés Chávez. *Diccionario De Hebreo Bíblico, 1. ed.* (El Paso, Tx.: Editorial Mundo Hispano, 1992), 517.

los hijos de Anac" (Deut 9:2)? Entre los descendientes de Anac que quedaron se mencionan a:

a. Goliat (1 Samuel 17:4), pero el término hebreo utilizado para a él fue "*gibbor*", que se traduce comúnmente como "héroe" o "guerrero valiente". Además, se le describe como un hombre de seis codos y un palmo de altura: En términos de medidas antiguas, un codo (codo real) se estima en aproximadamente 45 centímetros, y un palmo se considera alrededor de 22.5 centímetros. Por lo tanto, bajo el patrón del codo real egipcio (52.3 cm) o el codo común (45 cm), la conversión de las dimensiones de Goliat a metros y centímetros sería la siguiente: 6 x 45 cm+ 22.5 cm = 270 cm + 22.5 cm. O sea, aproximadamente entre 2.84 a 2.93 metros de altura, con una impresionante armadura, que incluía un yelmo de bronce, una coraza pesada y una lanza cuya punta pesaba aproximadamente 6 kilos (1 Samuel 17:5). Además, sobre sus piernas traía grebas de bronce e iba armado con una jabalina de bronce, y una lanza muy larga, con una punta de hierro que pesaba 600 ciclos de hierro que corresponde a 14.55 libras. Esta descripción de Goliat en 1 Samuel 17 no solo resalta su impresionante estatura, sino también su habilidad como guerrero y su experiencia en combate. Por eso causaba temor en los guerreros de Saúl. Según Vladimir Berginer, especialista en neurología de la Universidad Ben Gurion de Israel, el gigante tenía problemas en la vista, quizá la causa por la cual no vio la piedra lanzada por David.[14]
b. Isbi-benob (2 S. 21:16): Su nombre significa *"morador en Hob"*. Este tenía una lanza de trescientos siclos de bronce (7.27 libras). Éste trató de matar a David, pero no lo logró.
c. Saf (2 S. 21:18): Kitim Silva hace una comparación de (1 Crónicas 20:4) y según él se repite el relato, donde en lugar de "Gob" se lee "Cezar", y por "Saf", "Sipai". El nombre "Gob" significa "hoyo" y

---

[14] Xian ling Wang; Jing-tao, Zhao-hui. *11 de noviembre. Remisión espontánea de acromegalia o gigantismo debido a apoplejía subclínica de la hormona de crecimiento hipofisaria adenoma:* https://journals.lww.com/cmj/pages/results.aspx?txtKeywords=gigantismo. (Accedido el 09 de Julio del 2019)

"Cezer" significa "precipicio". [15] Safes el gigante del hoyo fue vencido y asesinado por Sibecai husatita y como resultado los filisteos fueron humillados (1 Cr. 20:4).

d. Lahmi (1 Cr. 20:5): Tenía la asta de su lanza como el rodillo de un telar (1 S. 17:7; cp. 2 S. 21:19). El escritor de 2 Samuel lo llamó Goliat geteo, quien probablemente era el hermano de Goliat, el que David había derrotado cuando era más joven. Era el único hermano oficialmente reconocido de Goliat. En 1 Crónicas se incluye la palabra hermano y se substituye la palabra hebrea Belén (bet hallajmi) por Lajmi, traduciéndose como Lajmi, el hermano de Goliat; la variación no es de importancia, quizás fue para evitar confusión con el Goliat de 1 Samuel 17.
e. Og, rey de Basan (Dt 3:11): Fue uno de los últimos gigantes que los israelitas enfrentaron en batalla. Moisés describió su cama de hierro, con una longitud de nueve codos, y su anchura de cuatro codos, es decir, 4 metros de largo y 1.83 de ancho. En la arqueología del Bronce, las "camas de hierro" suelen ser dólmenes de basalto negro (que tiene alto contenido de hierro). El enigma es que la cama de Og era un monumento megalítico que servía de sarcófago.

Para ayudar al estudiante a visualizar esta cuestión, se presenta una representación gráfica que compara la estatura de los gigantes mencionados en la Biblia con la de un hombre promedio. Este detalle no es un mito, sino un registro arquitectónico que refleja la percepción de grandeza física de Og, y que se transmitió

[15] Silva Kittim. *David El Ungido - Sermones De Grandes Personajes Bíblicos:* (Grand Rapids, Michigan, EE. UU. de A.: Editorial Portavoz, 2002), 293-94.

como parte de la memoria histórica de Israel.

La Biblia menciona a otros gigantes, pero el propósito central de este estudio no es simplemente enumerar cada uno de ellos. Más bien, buscamos demostrar la veracidad de su existencia. Así que no cabe dudas de que estos seres fueron reales. Sin embargo, es importante reconocer que la información bíblica disponible no es suficiente para establecer una doctrina definitiva sobre ellos. Este vacío ha dado lugar a innumerables teorías en torno a su origen y naturaleza, alimentando la famosa incógnita: ¿Qué dio origen a los gigantes? Aquí entra en juego el testimonio de Flavio Josefo, historiador judío del siglo I, quien no escribe como fabulador, sino como cronista que recoge tradiciones y restos físicos que su generación conocía, y que aún en su tiempo se podían ver los restos de gigantes y que sus huesos eran exhibidos como prueba tangible. Para él, los relatos bíblicos no eran meras narraciones, sino hechos corroborados por evidencias físicas que su audiencia podía verificar.

Interpretaciones modernas acerca del tema en cuestión

Varios científicos han pasado años sumergidos en el análisis riguroso de datos, explorando los límites del conocimiento humano a través de la observación y la evidencia empírica. Sin embargo, muchos de ellos, en su búsqueda, han tenido que abriese a un nuevo horizonte de comprensión sobre algunos aspectos enigmáticos, incluyendo el tópico que se aborda en este capítulo. De ahí, que muchas interpretaciones modernas acerca de los gigantes hayan evolucionado, desde la mera curiosidad popular hasta el análisis crítico que busca reconciliar la ciencia con la narrativa bíblica. ¿Están los gigantes simplemente relegados a las sombras de la historia, o son un recordatorio de que lo extraordinario puede estar más cerca de lo que pensamos?

La influencia de la ciencia y la arqueología

La ciencia, con su enfoque basado en la evidencia, ha intentado desentrañar la realidad detrás de estos relatos que, desde la antigüedad, han sido objeto de estudio tanto en la arqueología como en la antropología. Investigaciones arqueológicas han llevado a cabo excavaciones en sitios donde se han encontrado restos de grandes dimensiones, lo que ha suscitado debates sobre la posibilidad de que estos hallazgos estén relacionados con las leyendas de gigantes. Sin embargo, la ciencia moderna ha sido cautelosa al interpretar estos descubrimientos, a menudo atribuyendo las grandes dimensiones de los huesos a especies de animales prehistóricos, como los dinosaurios, en lugar de seres humanos colosales. Uno de los casos más discutidos es el de los "nefilim" mencionados en la Biblia, que algunos interpretan como una raza de gigantes.

Estudios críticos han señalado una nueva hipótesis, que los *nefilim* no eran necesariamente Gigantes, o personas de gran estatura. ¿De dónde sale esta suposición? Bueno, se cree que la traducción de "*nefilim*" como "gigantes" puede ser errónea; porque la palabra en análisis, proviene de la raíz hebrea raíz hebrea **נפל** *(npl)*, que significa "caer", de ahí que algunos la han traducido como "*los ángeles caídos*". Pero, según el contexto del pasaje de Génesis, se habla de guerreros antiguos que cayeron en la batalla o perdieron su honor. Por lo tanto, este análisis ha llevado a una reevaluación de los textos antiguos y su contexto cultural, destacando la importancia de considerar las interpretaciones lingüísticas y el simbolismo detrás de las narrativas. Así que, en Génesis 6:4, los *nefilim* podrían haber sido "hombres valientes" o "guerreros famosos", más que gigantes. La cultura popular ha desempeñado un papel crucial en la perpetuación de la imagen de los gigantes.

Desde las leyendas medievales hasta las adaptaciones modernas en el cine y la literatura, los gigantes han sido representados como criaturas temibles, pero también como figuras heroicas. En obras como "*Jack y las habichuelas mágicas*" y "*El gigante de hierro*", la narrativa se centra en la lucha entre el bien y el mal, utilizando a los gigantes como metáforas de desafíos que deben ser superados. Igualmente, las representaciones de gigantes en el cine y los videojuegos han evolucionado, reflejando tanto las ansiedades contemporáneas como las aspiraciones heroicas. Películas como "*El Hobbit*" y "*Gulliver's Travels*" han reinterpretado a los gigantes, presentándolos como personajes complejos que pueden ser tanto antagonistas como aliados. Esta dualidad ha influido en cómo la sociedad percibe a estos seres, a menudo desdibujando la línea entre la realidad y la ficción. Así que, la ciencia misma, ha abordado el tema de los gigantes desde múltiples perspectivas, y a medida que la arqueología continúa descubriendo nuevos hallazgos, y la cultura popular sigue reimaginando a estos seres colosales, la fascinación por los gigantes perdura.

Algunos creyentes sostienen que los Gigantes fueron una nueva creación de Dios, como juicio por el pecado de la generación perversa en los tiempos de Noé.

Los defensores parecen reconocer la mano de Dios en esta cuestión, sin embargo, la teoría que sugiere una segunda creación es, en esencia, peligrosa. Tal afirmación no solo carece de fundamento en las Escrituras, sino que también plantea una imagen de un Dios debilitado, que se deja llevar por sus emociones y, en un arrebato de ira, decide crear otra calamidad como respuesta a la rebelión humana. Es innegable que, a medida que la raza humana se multiplicaba, la corrupción se extendía (Génesis 6:5). Pero, el juicio de Dios no se relaciona con una nueva creación de seres humanos. Por supuesto que Dios es omnipotente, capaz de llevar a cabo una nueva creación que supere cualquier cosa que haya existido. Pero su amor es tan vasto que, al contemplar la destrucción de la humanidad a través del Diluvio (Génesis 6:3, 6-7), decidió extender su misericordia al ver a Noé, quien había hallado gracia ante sus ojos (Génesis 6:8). Miqueas reconoció su bondad con estas palabras:

> ¿Qué Dios hay como tú, que perdona la maldad y olvida el pecado del remanente de su heredad? No ha guardado para siempre su enojo, porque él se complace en la misericordia. Volverá a compadecerse de nosotros. Pisoteará nuestras iniquidades y echará nuestros pecados en las profundidades del mar. Concederás la verdad a Jacob y a Abraham la lealtad que juraste a nuestros padres desde tiempos antiguos. (Miqueas 7:18–20).

El Diluvio, por tanto, no fue el resultado de un deseo de crear de nuevo, sino la consecuencia de la actitud arrogante y malvada de una generación, que, a pesar de múltiples advertencias, profirió continuar en sus orgias y pecados. manifestación del juicio inmediato sobre el pecado.

Un último grupo alega que los gigantes son la consecuencia de una alteración genética como producto del pecado de Adán.

Si todas las maldiciones y enfermedades que existen son consecuencias del pecado, entonces no es de extrañarnos de que los gigantes son parte de esas maldiciones. A raíz de la desobediencia de Adán y Eva, entró la enfermedad al mundo, así que es muy probable que muchas enfermedades comenzaran a existir, y probablemente una de las primeras fue el gigantismo.[16] Enfermedad, que, según la ciencia, es el resultado de una mutación genética que afecta la glándula pituitaria, provocando una sobreproducción de hormona del crecimiento.

Desde una perspectiva científica, el gigantismo es una condición médica rara que se caracteriza por un crecimiento excesivo del esqueleto y los tejidos blandos debido a un exceso de hormona del crecimiento. Esta enfermedad se origina en la glándula pituitaria, situada en la base del cerebro, que produce una cantidad anormal de hormona del crecimiento. Cuando esta glándula se vuelve hiperactiva, ya sea por un tumor o una mutación genética, el cuerpo responde produciendo más células óseas y tejidos blandos, lo que resulta en un crecimiento desproporcionado. Esto se traduce en una estatura muy por encima del promedio, a menudo acompañado de problemas de salud asociados, como dolores de cabeza, visión borrosa y problemas cardiovasculares. Sin embargo, desde una perspectiva bíblica, el pecado original de Adán y Eva abrió la puerta a todas las enfermedades y maldiciones que afligen a la humanidad.

El gigantismo, siendo una condición médica, no es ajeno a esta realidad. Podemos especular que, en el contexto de un mundo perfecto, sin pecado, el gigantismo no habría existido. Pero al entrar el pecado, también entraron las consecuencias, entre ellas, enfermedades como el gigantismo. La causa más común de esta enfermedad es secreción excesiva de la (GH), que es un tumor no canceroso (benigno) de la hipófisis. Pero existen otras causas como lo son:

a. Enfermedad genérica que la pigmentación y causa tumores benignos en la piel, corazón y el sistema endocrino (hormonal) (Complejo de Carney).
b. El síndrome de McCune-Albright, que afecta la pigmentación de los huesos.
c. Enfermedad genética en la que una o más glándulas endocrinas están hiperactivas y forman un tumor (Neoplasia endocrina múltiple tipo 1)

---

[16] Trastorno del crecimiento de una persona que se caracteriza por un desarrollo anormalmente excesivo del cuerpo, en relación con los individuos de su misma especie y edad: el gigantismo se debe a un exceso de hormona del crecimiento.

d. Enfermedad en la que se forman tumores en los nervios del cerebro y la columna vertebral (neurofibromatosis).

El comentario Bíblico Mundo hispano destaca el criterio de Matthew Henry, el cual observó oportunamente lo siguiente: *"Vemos gigantes entre los filisteos, pero nunca entre los israelitas; vemos gigantes en Gat, pero no en Jerusalén"*[17]. Esto nos da un asomo de que esta maldición del pecado, aunque Israel había heredado el pecado de Adán, a causa de la promesa hecha a Abraham, su pueblo fue librado de este mal. Ahora bien, este fenómeno de la existencia de gigantes, tal como se menciona en textos antiguos y bíblicos, persiste en la actualidad. Lo que plantea unas interrogantes, especialmente para aquellos que sostienen que los ángeles caídos fueron responsables de la procreación de estos seres: ¿Cómo es posible que, tras el Diluvio, que según la narrativa bíblica eliminó a todos los gigantes existentes en los días de Noé, se siga hablando de una descendencia de Anac?

Si Noé y sus hijos fueron los únicos sobrevivientes, ¿de dónde provienen estos gigantes modernos? Además, es importante considerar que los gigantes que sobrevivieron fueron finalmente derrotados por David y sus valientes. Ante esta cuestión, surge una tercera teoría que sugiere que la existencia de gigantes podría ser consecuencia del pecado de Adán. Esta teoría se relaciona con el fenómeno del gigantismo, una condición médica que resulta de un exceso de hormona del crecimiento. No obstante, es cierto que en la era digital abundan los fraudes: imágenes manipuladas, supuestos hallazgos arqueológicos que circulan en redes sociales sin respaldo académico, y fotografías de "gigantes" que en realidad son montajes.

Sin embargo, la clave para un análisis serio no está en una foto de Facebook, sino en el registro histórico-textual y en la arqueología del Bronce Medio, donde encontramos testimonios que no pueden ser descartados como simples leyendas. En este período, los textos y restos materiales muestran una obsesión con las medidas, especialmente las de los codos reales. Estas medidas eran utilizadas para describir camas, ataúdes y estructuras, y nos permiten reconstruir la escala de ciertos personajes históricos.

---

[17] Daniel Carro, José Tomás Poe, Rubén O. Zorzoli y Tex. *Editorial Mundo Hispano:* (El Paso, TX: Editorial Mundo Hispano, 1993), 399

La teoría de la genética de Gregor Mendel.

No se trata solo de un pecado inmediato, sino del legado del pecado original de Adán, que ha perdurado a través de la genética. Adán, como el primer hombre creado a imagen de Dios, representa también el portador de un genoma que contenía la información necesaria para la diversidad genética de la humanidad. De este modo, todas las razas humanas que conocemos hoy podrían rastrear su origen hasta él. Esta perspectiva no solo enriquece nuestra comprensión de la historia bíblica, sino que también nos invita a reflexionar sobre la complejidad de la herencia genética y su impacto en la condición humana. Gregor Mendel, un monje católico, del orden de San Agustín y naturalista, conocido como el padre de la genética, formuló una serie de principios fundamentales que rigen la herencia biológica. Sus experimentos con plantas de guisante en el siglo XIX sentaron las bases para comprender cómo se transmiten las características de una generación a otra. A continuación, exploraremos las tres leyes de Mendel y su posible interpretación a la luz de la Biblia.

1. Ley de la Segregación: Esta establece que cada individuo posee dos alelos para cada rasgo, uno heredado de cada progenitor. Durante la formación de los gametos, estos alelos se segregan de manera que cada gameto recibe solo un alelo de cada par. Este principio explica por qué los rasgos pueden aparecer en una generación y desaparecer en la siguiente, solo para reaparecer más tarde. Desde una perspectiva bíblica, esta ley puede relacionarse con la idea de la diversidad en la creación. En Génesis, se menciona que Dios creó a cada especie "según su género" (Génesis 1:24). Esto sugiere que, aunque cada especie tiene una identidad única, dentro de cada una existe variabilidad, permitiendo la manifestación de diferentes características a lo largo de las generaciones. Por la unión de Adán y Eva, raza pura, sus descendientes eran iguales (aunque no lo sabemos, es muy probable que fueran muy similares en cuanto a físico). Aquí se pone en función la primera ley.
2. Ley de la Distribución Independiente: Postula que los alelos de diferentes genes se distribuyen a los gametos de manera independiente unos de otros. Esto significa que la herencia de un rasgo no afecta la herencia de otro rasgo. Mendel demostró esto a través de experimentos que

involucraban plantas con múltiples características. Esta ley puede ser vista en el contexto de la distribución independiente de los rasgos en los seres vivos, lo que refleja la diversidad en la creación, según los diferentes propósitos que cada individuo tiene en el plan divino. A partir de Set y Caín todas las descendencias comenzaron a tener variaciones, pese al gen heredado de sus padres. Por lo que es muy probable que por genética hayan surgido los gigantes. Ya que estos eran capaces de trasmitir algunas características, aunque en ellos no se haya manifestado.

3. Ley de la Dominancia: Establece que, cuando se cruzan dos variedades de un rasgo, uno de los alelos puede ser dominante sobre el otro. Esto significa que el rasgo asociado con el alelo dominante se expresará en el fenotipo del organismo, mientras que el rasgo recesivo puede quedar oculto en esa generación.

Por causa del pecado los seres humanos comenzaron a tener deformaciones genéticas producidas por enfermedades, las cuales muchas fueron hereditarias. Así que cabe la posibilidad de que el gigantismo se haya adherido a la raza humana, causando así el surgimiento de una nueva raza, la de los gigantes. Por lo que al unirse los hijos de Dios con los hijos de los hombres (unos cuantos años después de la muerte de Adán), se siguió heredando estos genes ya alterados (Génesis 6:4). La genética reconoce que las enfermedades pueden transmitirse a través de generaciones, lo que explica la existencia de fenómenos extraordinarios en la actualidad. Un claro ejemplo de esto es Sultan Kösen, oficialmente considerado el hombre más alto del mundo. Descubierto por un técnico del Galatasaray en un pequeño pueblo en la frontera de Turquía con Irak, Kösen mide 2,42 metros (7 pies 11 pulgadas), y tras una operación, su altura se incrementó a 2,47 metros (8 pies 1 pulgada).

Esta estatura lo coloca a casi cuarenta centímetros por debajo de Goliat, el famoso filisteo que David derrotó con su honda. Sin embargo, Kösen no es un caso aislado. A lo largo de la historia, ha habido otros individuos de gran estatura, incluyendo a mujeres. Un ejemplo notable es Robert Pershing Wadlow, quien, según el Libro Guinness de los Récords, fue el hombre más alto de la historia médica con una altura de 2,72 metros (8 pies 11 pulgadas) y un peso de 199 kg (438 lb) antes de su fallecimiento. Su continuo crecimiento en la edad adulta fue causado por un tumor en su glándula pituitaria, lo que subraya cómo las condiciones genéticas pueden influir en el crecimiento humano.

Sultan Kosen (Derecha), Robert Pershing Wadlow (Izquierda superior) y Anna Haining Bates (Izquierda inferior) -Fotografía tomada de internet

Otro caso es el de Anna Haining Bates, que se estima alcanzó una altura de 2,40 metros (7 pies 10 pulgadas) y fue conocida como "la mujer moderna más grande del mundo". Aunque Marianne Wedhe, una alemana, llegó a medir 2,53 metros (8 pies 4 pulgadas), Bates se destacó en su tiempo. La existencia de estos individuos de gran estatura sugiere que los gigantes no son meras figuras mitológicas.

De hecho, la Biblia se presenta una vez más como un documento antiguo de suma confiabilidad. En ella, encontramos referencias a gigantes que han alimentado tanto la curiosidad como la especulación a lo largo de los siglos. Así, al considerar la evidencia científica y los relatos históricos, podemos concluir que la idea de gigantes no es un mito, sino un fenómeno que ha tenido manifestaciones en la realidad. La combinación de la genética y la historia nos ofrece una perspectiva fascinante sobre cómo estos relatos antiguos pueden tener raíces en experiencias humanas reales, desafiando nuestra comprensión de lo que es posible en el vasto y misterioso mundo de la creación.

EL ESPEJISMO DE LAS RAZAS: El cuello de botella genético de noé y la disolución del darwinismo social

Es probable que para algunos estos temas sean de poca importancia para la salvación o para la vida en general, y no se equivocan, no obstante, es bueno saber por el bien de la fe. Variados son los conflictos entre creyentes por tópicos como éste, de ahí que al tratar decidir debatir en el presente capítulo los diferentes criterios con relación al surgimiento de las razas, es solo con el fin de dar respuestas a esos dilemas. Cuando Jesús dijo: "Escudriñad las Escrituras" no se estaba refiriendo a dos o tres asuntos, sino a todo lo que en ella se encuentra. Por lo que le reto a disfrutar la Biblia con el presente estudio sobre el surgimiento de las razas humanas.

1. **Raza:** En la biología normalmente se refiere a "subespecie", porque se trata de un conjunto de organismos que pueden reproducirse entre sí y tener descendientes fértiles.[18] Por otro lado tenemos el concepto del Diccionario general de la Lengua Española que dice: "*...grupos étnicos en que se suele dividir la especie humana teniendo en cuenta ciertas características físicas distintivas, como el color de la piel o el cabello, que se transmiten por herencia de generación en generación; las cuatro razas existentes son blanca (caucásica), negra (negroide), amarilla (mongoloide) y cobriza*"[19]
2. **Genética:** del término "Gen", que proviene de la palabra griega **γένος** y significa "semilla". Según Vanesa es la secuencia de nucleótidos en la molécula de ADN (ácido desoxirribonucleico). Es una estructura que se

---

[18] *https://elimperiodedes.wordpress.com/2015/07/14/lo-que-dice-la-ciencia-sobre-razas-humanas/. (Accedido el 10 de julio del 2019)*

[19] *Diccionario General De La Lengua Española Vox (Barcelona: Biblograf, S.A.; Tecnolingua, S.L., 1997).*

constituye como unidad funcional que se encarga del traspaso de rasgos hereditarios[20]. Por lo tanto la genética es el la ciencia que estudia los genes y los mecanismos que regulan la transmisión de los caracteres hereditario.[21]

3. **Adaptacionismo:** En biología, es la perspectiva que considera que la mayoría de rasgos son adaptaciones óptimas alcanzadas por selección natural. Entre sus defensores más célebres se encuentran John Maynard Smith, W.D. Hamilton, Richard Dawkins y Daniel Dennett.[22]
4. **Deriva genética**: Es una fuerza evolutiva que actúa cambiando las características de las especies en el tiempo. Se trata de un cambio aleatorio en una generación a otra. Normalmente se da una pérdida de los alelos (Cada uno de los genes del par que ocupa el mismo lugar en los cromosomas homólogos), menos frecuentes y una fijación de los más frecuentes, resultando una disminución en la diversidad genética de la población. Otros lo llaman "tendencia genética". (Mutación, selección natural, y migración).

La doctrina de la creación del hombre según lo enseña la Biblia ha sido refutada por varios teóricos de la ciencia, pero a la vez, en la misma magnitud, se ha logrado desmentir esas teorías anti creacionistas. Pero, comenzaremos revisando algunos conceptos con los cuales estaremos trabajando en todo el capítulo.

La Teoría de la Evolución y la Diversidad Racial

Desde las antiguas civilizaciones hasta las teorías modernas, el origen de las diferentes razas ha sido objeto de intenso debate y especulación. Algunas tradiciones atribuyen esta diversidad a eventos históricos específicos, como la dispersión de las naciones después del Diluvio Universal o la confusión de lenguas en la Torre de Babel. Por otro lado, la teoría de la evolución propone una explicación científica para la aparición de las distintas razas a lo largo de

---

[20] *Vanesa Torres. Muy Interesante. s.f. https://www.muyinteresante.es/curiosidades/preguntas-respuestas/gen (consultado el 06 de abril del 2018)*

[21] *Diccionario General De La Lengua Española Vox (Barcelona: Biblograf, S.A.; Tecnolingua, S.L., 1997).*

[22] *Wikipedia. (s.f). https://es.wikipedia.org/wiki/Gigante_(mitolog%C3%ADa_griega). (último acceso: 06 de abril del 2009)*

miles de años de adaptación y selección natural. Sin embargo, a medida que nuestra comprensión de la genética ha avanzado, ha surgido una nueva perspectiva sobre el origen de la diversidad racial.

Como vimos en el capítulo anterior, Mendel, formuló a mediados del siglo XIX, algunas leyes, que han arrojado luz sobre los mecanismos subyacentes a la transmisión de características hereditarias. Dichas leyes, junto con los avances posteriores en biología molecular, han revelado que la diversidad racial es el resultado de pequeñas variaciones genéticas que se han acumulado a lo largo del tiempo. Pero más allá de las explicaciones científicas, la diversidad racial también plantea importantes preguntas éticas y sociales. ¿Cómo debemos entender y celebrar la diversidad en un mundo que a menudo se divide por líneas raciales? ¿Cuál es la relación entre la unidad fundamental de la raza humana y la rica variedad de culturas y tradiciones que han florecido a lo largo de la historia?

En esta sección exploraremos estas preguntas desde múltiples perspectivas. Examinaremos la teoría de la evolución y sus implicaciones para la diversidad racial, así como las leyes de Mendel y lo que nos enseñan sobre la genética de la diferencia. También consideraremos la perspectiva bíblica sobre la unidad y la diversidad de la humanidad, y reflexionaremos sobre las implicaciones éticas y sociales de nuestro entendimiento del origen de las razas. La teoría de la evolución, propuesta por Charles Darwin en su obra "El origen de las especies" (1859), ha sido fundamental para la comprensión de la biología moderna y la diversidad de la vida en la Tierra. Esta teoría sostiene que las especies evolucionan a través de un proceso de selección natural, donde las variaciones favorables se transmiten a las generaciones futuras.

Se dice que Darwin logró reunir suficiente evidencia para demostrar que las especies cambian, e imaginó un posible proceso de modificación. Según el sitio web Ok Diario, Darwin creía lo siguiente:

> El mundo natural no es estático, sino que cambia. Las especies de seres vivos evolucionan, y están compuestas de individuos que no son idénticos entre sí. La población de cada especie desciende de un ancestro en común. Las especies emparentadas descienden de ancestros comunes más cercanos en el tiempo. [23]

Sin embargo, esta misma teoría ha sido objeto de críticas y ha generado controversias que merecen ser examinadas. Desde la perspectiva evolutiva, las diferencias raciales en los seres humanos son vistas como adaptaciones a diversas condiciones ambientales. Por ejemplo, el color de piel es una característica que ha evolucionado en respuesta a la exposición a la radiación solar. Según el biólogo evolutivo Richard Dawkins: "*la diversidad de la vida es un resultado de la evolución, y las diferencias raciales son simplemente variaciones dentro de una misma especie.*"[24] Dawkins, o largo de su carrera, ha sido un defensor prominente del ateísmo y ha criticado abiertamente las creencias religiosas. En este libro, *El espejismo de Dios*, se atreve a afirmar que la religión es una creencia infundada y que la existencia de Dios es altamente improbable.

Sin embargo, en la cita sugiere que, a pesar de las diferencias superficiales, todos los humanos comparten un ancestro común, cosa que contraste fielmente con la Biblia. En el momento en que Charles Darwin expuso su teoría *"El origen de las especies"*, a mediados del siglo XIX, todavía había mucho desconocimiento científico acerca de las células y los genes. Antonio Cruz Observa que:

> Cuando Darwin publicó su famosa teoría no se conocía cuál era el motivo por el cual se producían variaciones dentro de una misma especie. No se sabía por qué era posible producir diferentes razas de perros, palomas o guisantes con características diversas, a partir de

---

[23]*https://okdiario.com/curiosidades/5-mejores-teorias-origen-del-hombre-800048:* (Consultado el 10 de julio del 2019)

[24] Richard Dawkins. *The God Delusion*: (New York: Bantam Press, 2006), 15

individuos que carecían de tales rasgos externos. Pero hoy se conocen bien los procesos bioquímicos y genéticos que operan en tales cambios.[25]

Históricamente, algunos científicos han utilizado la evolución para respaldar ideologías racistas. El historiador George M. Fredrickson señala que *"la ideología del racismo ha abusado de la ciencia para justificar la discriminación racial."*[26] Lo que ha llevado a la creación de jerarquías raciales basadas en interpretaciones erróneas de la biología, donde se afirmaba que ciertos grupos eran inherentemente superiores a otros. Pero, a pesar de su aceptación en la comunidad científica, la teoría de la evolución presenta limitaciones significativas.

1. Se ha argumentado que tiende a simplificar la complejidad de la herencia humana al centrarse en características físicas observables, sin considerar adecuadamente los factores culturales y sociales que también influyen en la diversidad racial. El antropólogo Jonathan Marks destaca que las diferencias genéticas entre razas son mínimas y no justifican la clasificación racial. [27] Esto pone de manifiesto que la categorización racial basada en características físicas es, en gran medida, superficial.
2. Su enfoque materialista, a menudo ignora las dimensiones espirituales y éticas de la existencia humana. Acerca de esto, la teóloga N.T. Wright argumenta que la visión evolutiva no puede captar la totalidad de la experiencia humana, que incluye la moralidad, la creatividad y la espiritualidad.[28] (Wright, 2010, p. 45). Esta crítica invita a una reflexión más profunda sobre el lugar de la humanidad en el mundo y la naturaleza de nuestra diversidad.

Muchas personas en todo el mundo han conocido la posición de Darwin con relación a la doctrina de la Creación, pero muy pocos conocieron el verdadero propósito de Darwin. Stephen Jay Gould, renombrado profesor de Harvard, conocido por ser un vigoroso anti creacionista (y marxista), y quizás

---

[25] Antonio Cruz. *Darwin no mató a Dios*: (Miami, Florida: Editorial Vida. 2004), 37

[26] George M Fredrickson. *Racism: A Short History*. Princeton: (NJ: Princeton University Press, 2002), 78

[27] Jonathan Marks. *What It Means to Be 98% Chimpanzee: Apes, People, and Their Genes*: (Berkeley, CA: University of California Press, 2008), 102

[28] Wright, N. T. *Simply Jesus: A New Vision of Who He Was, What He Did, and Why He Matters*: (New York: HarperOne, 2010), 45

el estudioso más conocedor de la historia del pensamiento evolucionista y de todo lo referente al Darwinismo, descartó las intenciones ocultas del creador del evolucionismo: *"…la teoría de Darwin es, de una forma innata, anti-plan, anti-propósito, anti-significado, es puro materialismo filosófico, lo cual mismo Darwin sabía muy bien y quiso que así fuera."*[29]

Así que Darwin intencionalmente estaba transmitiendo un mensaje en el cual destituía a Dios como ser Supremo Creador y resaltaba el intento de los organismos por trasmitir sus genes a próximas generaciones. Por otro lado, está la Teoría de Lamarck, un zoológico francés, que en 1809 publicó su libro *Obra Filosofía Zoológica,* en el que expone que los cambios ambientales originan nuevas necesidades, y determinan el uso o desuso de unos u otros órganos, provocando así que los órganos se desarrollen o se atrofien. Por consiguiente, esos nuevos caracteres adquiridos se heredan en posteriores generaciones. Pero es evidente que Lamarck estaba equivocado, pues el uso continuado no es el responsable de que se desarrolle un órgano ni el desuso lo atrofia hasta su desaparición. Por eso, es imposible probar que los caracteres adquiridos en vida son heredados por los descendientes. Santiago Sánchez Migallón comenta:

> Imagine lo genial que sería que, si uno viene de una familia que ha practicado culturismo durante varias generaciones, ya nacería musculoso o con mucha facilidad para desarrollar los músculos. O imagine de una familia de artistas o de matemáticos… Pero no, tal y como demostró August Weismann, el último gran darwinista del siglo XIX, lo que aprendieron tus ancestros se perdió con su fallecimiento.[30]

Por eso, mirándolo desde una perspectiva bíblica, la diversidad racial puede ser entendida a través de la narrativa de la creación. En Génesis 1:26-27, se establece que "*Dios creó al ser humano a su imagen; a imagen de Dios lo creó; varón y hembra los creó*". Así que, independientemente de las diferencias físicas, todos los seres humanos comparten una dignidad inherente y un valor igual

---

[29] Stephen Jay Gould. *The Darwinian Revolution in Thought. (La Revolución Darwiniana en el Pensamiento).* Entrevista de la Universidad de Victoria en Wellington, Nueva Zelanda. (6 de junio de 1990).

[30] *Santiago Sánchez Migallón. La historia de una de las ideas más peligrosas jamás pensada: la teoría de la evolución:* https://www.xataka.com/otros/la-historia-de-una-de-las-ideas-mas-peligrosas-jamas-pensada-la-teoria-de-la-evolucion. *(Consultado el 11 de julio del 2019)*

ante Dios. Además, la dispersión de las naciones en Génesis 11:1-9, donde se confunden las lenguas, es un reconocimiento de la diversidad cultural y lingüística como parte del plan divino.

La Perspectiva Bíblica: Unidad en la Diversidad

Aunque no todos los traductores coinciden en lo que denominan una "traducción fiel" del texto bíblico, he decidido ofrecer un pequeño aporte. Con esto no pretendo presentar una innovación legendaria, sino más bien demostrar que, independientemente de la traducción que se realice, el mensaje central del texto no debe ser adulterado. Comencemos con un análisis del texto hebreo de (Génesis 2:7) narrado de la siguiente manera:

אַף הוּא בְּנַפַּח בְּאַפָּיו נִשְׁמַת חַיִּים וַיְהִי הָאָדָם לְנֶפֶשׁ חַיָּה

va YHWH elohim yitser et ha adam afar min ha adam ah vayipah pe' apav nishmat hayim vayeji ha adam le nefesh jayah

Para este texto propongo la siguiente traducción: *"Así que Jehová Dios formó al hombre como una manifestación de sí mismo del polvo de la tierra, y del polvo lo creó. Luego sopló en su rostro aliento de vida, y el hombre se convirtió en un ser viviente."* Nótese como incluso esta traducción personal, se alinea bastante al mensaje central de la versión Reina-Valera de 1960. Lo que Moisés intentó expresar en su narración era que el hombre y la mujer fueron el resultado de un milagro creativo de Dios (Gn. 2:7). Ahora bien, de acuerdo con los relatos narrados por Moisés, he realizado una selección genealógica para entender cómo se produjo la reproducción humana desde Adán hasta Noé.

Como se menciona en Génesis, el periodo de reproducción de la primera civilización no fue breve. Esto es sin contar la genealogía de la descendencia de Caín, que Moisés no trató en profundidad, enfocándose en cambio en la descendencia de Adán y Set. Entonces, siguiendo el rastro bíblico, encontramos que desde Adán hasta la descendencia de Sem, hijo de Noé, transcurrieron aproximadamente 1948 años. Esta cronología nos ofrece una perspectiva sobre la continuidad y el desarrollo de la humanidad a partir de sus primeros ancestros, subrayando la importancia de la genealogía en la narrativa bíblica.

DESDE ADÁN HASTA LA DESCENDENCIA DE SEM

NOMBRE	DESCENDENCIA	EDAD (AÑOS)
Adán	Engendró a Caín y Abel	¿?
	Engendró a Set	130
	Engendró hijos e hijas	130-800
	Vivió	930
Set	Engendró a Enós	105
	Engendró hijos e hijas	105-807
	Vivió	912
Enós	Engendró a Cainán	90
	Engendró hijos e hijas	90-815
	Vivió	905
Cainán	Engendró a Mahalaleel	70
	Engendró hijos e hijas	70-840
	Vivió	910
Mahalaleel	Engendró a Jared	65
	Engendró hijos e hijas	65-830
	Vivió	895
Jared	Engendró a Enoc	62
	Engendró hijos e hijas	62-800
	Vivió	962
Enoc	Engendró a Matusalén	65
	Engendró hijos e hijas	62-300
	Desapareció porque le llevó Dios	365
Matusalén	Engendró a Lamec	187
	Engendró hijos e hijas	187-782
	Vivió	969
Lamec	Engendró a Noé	182
	Engendró hijos e hijas	182-595
	Vivió	777
Noé	Engendró a Sem, a Cam y a Jafet	500
	Vivió	950
Sem	Engendró a Arfaxad	500
Cam	Engendró hijos e hijas	¿?
Jafet	Engendró hijos e hijas	¿?

¿Cómo llegó el hombre a ser tan diverso?

Antes de abordar cualquier argumentación, es fundamental aclarar que no existe registro histórico ni bíblico sobre el color de piel de Adán y Eva. Por lo tanto, sería incorrecto afirmar que eran blancos, negros o de otro color. No obstante, la Biblia confirma que de ellos emergió toda la humanidad, lo que implica que las variaciones genéticas, como la estatura, podrían haber estado presentes desde el principio. La pregunta que surge es: ¿cómo pudieron surgir distintos grupos étnicos a partir de Adán y Eva, quienes poseían "genes puros"? Al leer el libro de Génesis, específicamente en el capítulo 4 (versículos 1-2), no encontramos evidencia de variación genética ni descripciones físicas de la descendencia inmediata de Adán y Eva. Pero en Génesis 5:3 se nos dice que, a los 130 años, Adán engendró a Set, a quien describió como "idéntico a él". Este énfasis de Moisés podría sugerir que los hijos anteriores de Adán y Eva, Caín y Abel, no eran necesariamente similares entre sí.

Es posible que Caín se pareciera más a su madre y Abel a su padre, lo que podría haber influido en el conflicto entre ellos, culminando en el trágico asesinato de Abel. Obviamente, la Biblia nunca apoya la idea de que existiera un único color de piel o rasgos fisiológicos. Más bien, se refiere a una sola lengua y cultura en Génesis 11:1. Esto sugiere que, antes del Diluvio, ya había variaciones en características como la estatura y posiblemente el color de piel, ojos o cabello. Así que, desde Adán hasta Jafet, la humanidad se multiplicó sobre la tierra, y la descendencia de Caín también dejó una gran progenie. Esta mezcla de linajes, el de Set, que adoraba a Dios, y el de Caín, que había sido desechado por el Creador (Génesis 6:1-2), comenzó a dar lugar a variaciones en la descendencia, en línea con la segunda ley de Mendel sobre la herencia genética. Luego en Génesis 9:20-26, después del Diluvio, Noé y sus hijos comienzan una nueva vida.

Pero, tras un incidente de embriaguez, Noé pronuncia bendiciones y maldiciones sobre sus hijos. Lo que ha llevado a algunos teólogos a sugerir que esta profecía podría haber sido un factor en la aparición de variaciones fisiológicas en la humanidad. Sin embargo, esta interpretación es problemática, ya que podría alimentar posturas racistas. Pues, si se argumenta que la maldición de Cam lo convirtió en una persona de piel oscura, se implicaría que aquellos con piel oscura están malditos, lo cual es inaceptable y erróneo. La maldición de Cam no tiene relación con el color de su piel, cabello, ojos, nariz o boca, sino que se refiere a la degradación de la nación que descendería de su nieto, Canaán, que se convertiría en un obstáculo para Israel (Josué 23:13). Según Lockward:

> La execración que lanza Noé: *´Maldito sea Canaán., siervo de siervos será a sus hermanos´* en Gn. 9:20–27 es interpretada por algunos judíos como cumplida a partir de la invasión israelita a la tierra de los cananeos. Otros señalan que *Canaán.* Sería siervo tanto de Sem como de Jafet, lo cual piensan se cumplió con la invasión de los israelitas y los pueblos de las islas egeas (filisteos). En las leyendas judías surgió la supuesta explicación de que los descendientes de *Canaán.* Tenían la piel oscura como resultado de esta maldición, lo cual fue utilizado por muchos para intentar justificar la esclavitud de los africanos.[31]

Otro grupo, no despreciable en número, defiende la teoría de que una posible causa de la emergencia de todas las razas a partir de Adán y Eva es el adaptacionismo. Es innegable que tanto los seres humanos como los animales poseen la capacidad de adaptarse a su entorno. Pero, en este proceso de adaptación, no solo se transforman los órganos internos, sino también las características externas. Se puede afirmar que Dios, al crear a los animales y al ser humano, dotó a ambos de la información genética necesaria para acomodarse a diversas condiciones climáticas y otros agentes naturales. A causa de las palabras de Noé, estos tres hermanos se dispersaron por la tierra, y obviamente, el ecosistema global cambió drásticamente debido al Diluvio. Así que, medida que los grupos se dispersaban, poblaban áreas que les ofrecían climas y dietas nuevas y variadas:

a. Sem: Su nombre, significa literalmente "*fama*". Aunque se le menciona como el primogénito, es probable que esto se deba a su papel en la genealogía israelita (Génesis 11). Sem habitó en el Medio Oriente y se extendió a la región que conocemos como las naciones árabes.
b. Cam: Significa "*caliente*", y curiosamente se asocia con dos lugares en el Antiguo Testamento. Cam y sus hijos poblaron África y se asentaron a lo largo de la costa mediterránea de este continente. Nimrod, hijo de Cus (Génesis 10:9-12), se convirtió en uno de los descendientes más célebres

---

[31] Alfonso Lockward. *Nuevo Diccionario De La Biblia:* (Miami: Editorial Unilit, 2003), 193-194.

de Cam. A través de Mizraim, también descienden de Cam los filisteos (Génesis 10:13-14), enemigos perpetuos de los israelitas.

c. Jafet: Significa "*ensanchamiento*". Según otras referencias, se le considera el mayor de los tres hermanos (Génesis 6:10; 7:13; 9:18; 1 Crónicas 1:4). Aunque no se dice mucho sobre la dispersión de los hijos de Jafet, se sabe que "poblaron las costas" (Génesis 10:5). Se extendieron por el territorio euroasiático, desde los mares Negro y Caspio hasta España. Por ello, se dice que Jafet es el padre de las naciones europeas, incluyendo a los cimerios (Gomer), los escitas (Askenaz), los medos (Madai), los moscovitas o eslavos (Mesec), los jonios (Javán), los de Chipre (Quitim) y los de Rodas (Dodanim), entre los más reconocidos.

La diversidad étnica que observamos en la actualidad puede entenderse como el resultado de un proceso de adaptación y dispersión, donde las condiciones ambientales y las interacciones culturales han jugado un papel crucial. La narrativa bíblica, al describir la dispersión de los descendientes de Noé, nos ofrece una perspectiva sobre cómo la humanidad ha evolucionado y se ha diversificado a lo largo del tiempo, reafirmando la idea de que, a pesar de las diferencias superficiales, todos compartimos un origen común.

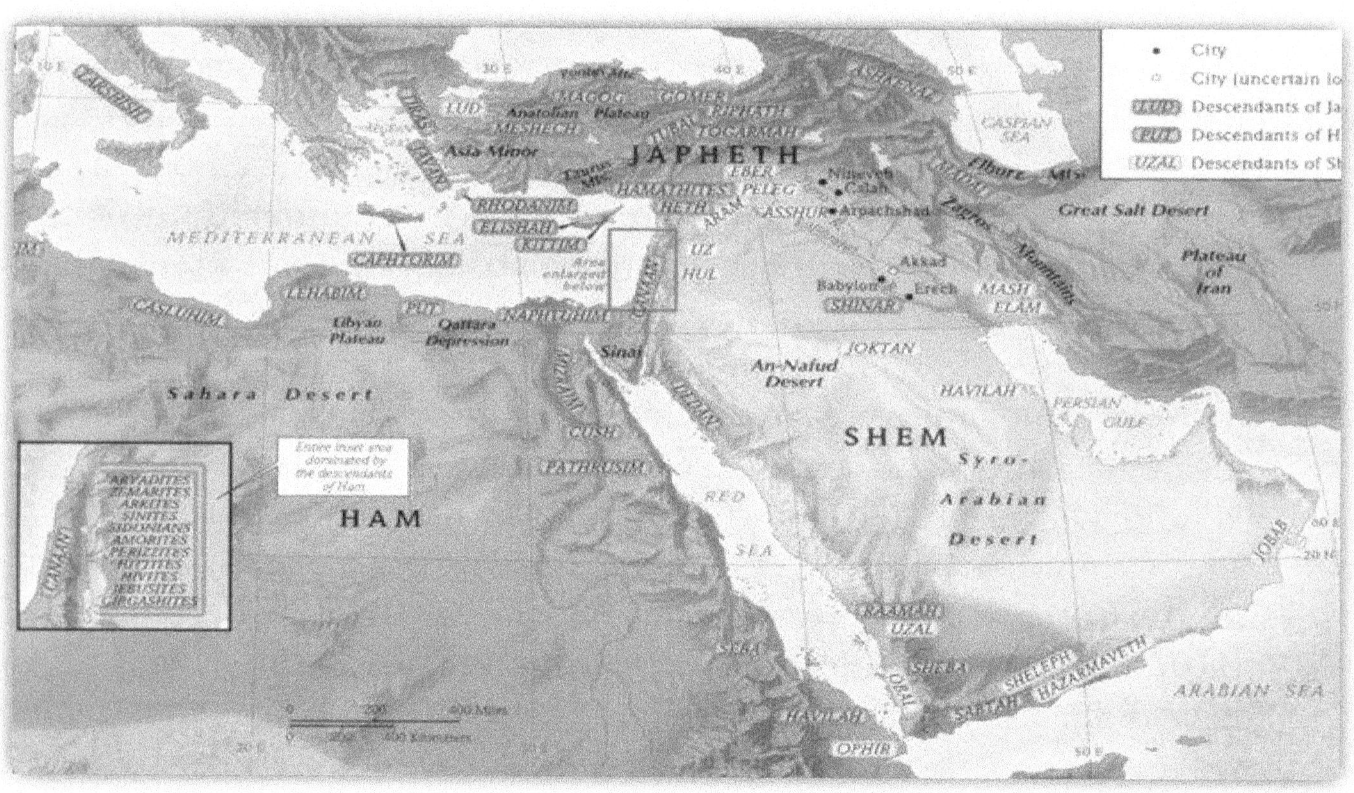

Los de piel oscura que se instalaron en climas fríos, probablemente sufrieron deficiencias de vitamina D, como el raquitismo, por lo que serían menos saludables y tenderían a tener menos descendencia. Éstos están en desventaja en una región fría, ya que hay menos luz solar. Puesto que ellos son más resistentes al sol, al no estar expuestos a él, su piel produciría menos vitamina D. En un bloc publicado en el portal científico *Creacionismo.net* encontramos que: *"El medio ambiente más frío, tendería a favorecer a aquellos con pieles más claras. Poco a poco el número de personas de piel oscura que se hubiera instalado a una región fría disminuiría, y a partir de ese momento la población restante sería de piel más clara".* [32] Los fenicios fueron los más antiguos navegantes del Mar Rojo y su piel era rojiza debido al milenario contacto permanente con el agua y el limo ferruginoso del mar y de la tierra que habitaban.

Fueron los primeros auténticos Pieles Rojas del mundo y se mostraban pacíficos y neutrales con todos los pueblos vecinos. Este proceso del cambio biológico de la piel y rasgos faciales no era producto de una adaptación en el sentido evolutivo, como estrategia para hacer frente a un nuevo entorno, sino que se trataba de una información genética puesta por en el primer hombre creado, y trasmitida a toda su descendencia. Por eso los que viven en países fríos son diferentes a los que viven en regiones tropicales o desérticas. La forma de la nariz, los ojos, el mentón, la cara, el pelo. Todos estos órganos al parecer cambian con relación al medio en el que viven, y a la vez se van adaptando de generación a generación.

La respuesta más adecuada a todo el dilema

El ser humano ha sido moldeado por una compleja secuencia de eventos biológicos y demográficos a lo largo de su historia. Esta diversidad se manifiesta en una variedad de características físicas, entre las cuales el color de piel es una de las más visibles. Por eso, es importante destacar que no es posible delimitar biológicamente a los grupos humanos únicamente en función de este rasgo. El color de la piel está determinado principalmente por la cantidad y la proporción de melanina, un pigmento

[32] Creacionismo. *Origen de las razas humanas:* http://www.creacionismo.net/genesis/Art%C3%ADculo/el-origen-de-las-razas-humanas. (Consultado el 10 de Julio de 2017)

que se produce en la piel a través de células especializadas llamadas melanocitos. La melanina se presenta en dos formas principales:

1. Eumelanina: Este tipo de melanina es responsable de los tonos marrones y negros. Su concentración en la piel y el cabello varía entre individuos, y se puede clasificar en dos subtipos:
   a. Eumelanina negra: En ausencia de otros pigmentos, produce un color oscuro.
   b. Eumelanina café: Con una menor concentración, puede dar lugar a tonalidades más claras, como el rubio.
2. Feomelanina: Este pigmento proporciona tonalidades amarillentas o rojizas y es más abundante en personas con piel clara. La feomelanina puede dar un tono rosado a rojo y se encuentra en áreas como los labios, pezones y otras partes del cuerpo. Sin embargo, se ha demostrado que la feomelanina puede aumentar el riesgo de cáncer de piel cuando se expone a la radiación ultravioleta del sol.

La variación en el color de la piel es el resultado de la interacción de múltiples genes que influyen en la cantidad de pigmento producido por los melanocitos y en la proporción de eumelanina y feomelanina. Es interesante notar que colores similares pueden surgir de diferentes combinaciones genéticas, lo que refleja la complejidad de la herencia y la expresión genética. Una pregunta que surge naturalmente es: ¿por qué la variación de las razas no es tan acelerada en nuestros días como lo fue en tiempos de los patriarcas? Una posible respuesta radica en el concepto de "*tamaño efectivo de la población*". A medida que aumenta el número de individuos en una población, la diferencia entre las frecuencias genéticas de una generación y la siguiente tiende a disminuir.

La ciencia usa fórmulas matemáticas para calcular el 'tamaño efectivo de una población'. Pero para nosotros, esa fórmula es el rastro del arca de Noé. Nos dice que la humanidad pasó por un cuello de botella, un momento donde solo ocho personas cargaron el futuro de toda nuestra especie en su sangre. No somos el producto de una masa anónima, sino de supervivientes que confiaron en la promesa divina. Cuando se analiza el relato bíblico desde la perspectiva de las leyes de Gregor Mendel, se descubre que la diversificación genética no requiere necesariamente millones de años. Mendel demostró que los caracteres hereditarios se transmiten mediante unidades discretas —los alelos— y que la combinación de estos en poblaciones pequeñas puede producir una variabilidad explosiva.

Tras el evento de Babel, cuando las poblaciones humanas se dispersaron y quedaron aisladas, la fijación de alelos ocurrió de manera acelerada. En grupos reducidos, los rasgos dominantes y recesivos se consolidan rápidamente, generando diversidad visible en pocas generaciones. Este fenómeno se explica mejor con el concepto *de "Heterocigocidad Original"* en Adán y Eva. Si los primeros padres fueron creados con una carga genética rica, con múltiples alelos en estado heterocigótico, entonces sus descendientes podían expresar una amplia gama de rasgos en muy poco tiempo. La diversidad humana no sería el resultado de mutaciones acumuladas durante millones de años, sino de la recombinación de una reserva genética inicial extraordinariamente amplia. No obstante, la genética moderna habla de un "Adán Cromosómico" —el ancestro patrilineal más reciente detectado a través del cromosoma Y— y de una "Eva Mitocondrial" —la ancestro matrilineal más reciente detectada a través del ADN mitocondrial.

La supuesta discrepancia cronológica que la genética secular utiliza para distanciar al 'Adán Cromosómico' de la 'Eva Mitocondrial' no es más que un espejismo metodológico derivado de los relojes moleculares. Estos cálculos asumen tasas de mutación constantes y lineales, ignorando que la historia biológica de la humanidad fue fracturada por un cuello de botella genético hipersúbito: el Diluvio. El ancestro patrilineal más reciente detectado por la ciencia —el portador del cromosoma Y del cual descendemos todos los varones— no es el Adán edénico, sino el Noé histórico. Tras la catástrofe, la fijación de alelos en las poblaciones reducidas y aisladas de Babel aceleró la deriva genética de tal manera que las asunciones actuales de 'millones de años' colapsan ante la realidad de una diversificación explosiva.

Por tanto, la genética moderna no está refutando el Génesis, sino que está identificando, sin saberlo, el punto de reinicio biológico de la especie humana, donde un solo linaje masculino sobreviviente se dispersó para llenar la tierra, cumpliendo con una precisión asombrosa el mandato teofánico de restauración tras el juicio. Esto significa que, genéticamente, todos los hombres actuales descienden de Noé en su cromosoma Y. La ciencia, sin darse cuenta, ha identificado en sus estudios lo que la Biblia ya afirmaba: que la humanidad fue reiniciada en un momento histórico concreto, y que la diversidad posterior se explica por la dispersión y fijación rápida de alelos en poblaciones pequeñas.

Ahora bien, el tamaño efectivo de una población se calcula mediante fórmulas matemáticas que consideran factores como la variabilidad genética y la estructura de la población. En poblaciones pequeñas, las fluctuaciones en las frecuencias genéticas pueden ser más pronunciadas, lo que puede llevar a una mayor diversidad en rasgos como el color de piel. Además, el tamaño eficaz o efectivo de una población se define por aquellos individuos que dejan descendientes, ya que sólo son los individuos reproductores aquellos que trasmiten sus genes. La fórmula que se presenta para calcular el tamaño efectivo es la siguiente:

$$\textbf{Tamaño Poblacional Efectivo (TPE)} = \frac{4 \times N^h \times N^m}{N^h + N^m}$$

Donde N^h representa el número de hombres y N^m el número de mujeres en la población. Este cálculo es crucial porque el tamaño efectivo puede ser mucho menor que el número total de individuos en la población, especialmente en poblaciones con una fuerte asimetría de sexos. Ejemplo Práctico, consideremos los siguientes datos:

- Número de hombres (N^h) = 90
- Número de mujeres (N^m) = 10

Sustituyendo estos valores en la fórmula:

$$(TPE) = \frac{4 \times 90 \times 10}{90+10}$$

$$(TPE) = \frac{3600}{100}$$

$$(TPE) = 36$$

Por lo tanto, el tamaño efectivo de la población es de 36, lo que significa que, aunque la población real consta de 100 individuos, la deriva genética y otros procesos evolutivos actuarán como si solo hubiera 36 individuos contribuyendo a la próxima generación. Un tamaño efectivo bajo tiene importantes implicaciones para la genética de poblaciones. Porque, en poblaciones pequeñas, la deriva genética puede llevar a la pérdida de variabilidad genética, aumentando el riesgo de extinción. Además, una población con un tamaño efectivo reducido puede ser más susceptible a enfermedades y cambios ambientales, ya que la falta de diversidad genética limita la capacidad de adaptación. En un artículo de Amo Books se aclara que:

> Cuando un gran grupo, que se cruza libremente es repentinamente dividido en muchos grupos más pequeños, entre los cuales desde aquel momento se engendran tan sólo entre ellos, las diferentes características raciales sucederían muy rápidamente. Una lección simple de herencia muestra que un par de padres medio-castaño podría producir todos los matices de color conocidos, de muy blanco a muy negro, en tan sólo una generación. (1992, s.p)[33]

La deriva genética desde los tiempos de Adán hasta las primeras civilizaciones fue más rápida, dado que el número de individuos era menor. Esta realidad podría explicar por qué Dios permitió que vivieran tantos años. Un estudio biológico de la Universidad de Stanford, que analizó 93 polimorfismos genéticos en 1,000 individuos de 21 regiones del mundo, sugirió que un antepasado masculino común a todos los humanos actuales vivió en África hace aproximadamente 50,000 a 40,000 años. [34] Este hallazgo lleva a la genética poblacional a plantear que el "cromosoma Adán" corresponde a un hombre africano, homólogo de la "Eva mitocondrial", quien sería el ancestro común más reciente de todos los humanos que poseen el cromosoma Y.

---

[33] Amo Books. *¿Cómo podrían todas las razas humanas descender de Noé, sus tres hijos y sus esposas?:* https://christiananswers.net/spanish/q-aig/aig-c002s.html. (Consultado el 11 de Julio del 2019)

[34] *Viaje a los orígenes genéticos del hombre:* http://www.elmundo.es/elmundo/2009/09/25/ciencia/1253906011.html: (Consultado 1 agosto del 2019)

Sin embargo, estudios posteriores han estimado fechas anteriores para este antepasado masculino común, aunque todos coinciden en que es considerablemente más reciente que el antepasado femenino, por razones que aún se desconocen. Otros científicos han sugerido que el Adán cromosómico-Y está íntimamente relacionado con Noé. Teoría que no refutaría el relato bíblico, ya que, según la narración del Antiguo Testamento, el Diluvio extinguió las primeras generaciones desde Adán hasta Jafet, dejando solo a ocho personas: Noé, su esposa, y sus tres hijos junto con sus esposas. No sería contradictorio identificar a Noé con el Adán cromosómico, puesto que sus hijos compartirían el mismo cromosoma Y de Adán. Sin embargo, es crucial aclarar que Noé y Adán no son la misma persona. Adán cromosómico-Y fue quien produjo una línea completa de hijos varones hasta el día de hoy y es el ancestro del cual desciende toda la población actual. Así que el color de la piel es un rasgo fenotípico que resulta de la interacción de varios factores genéticos y ambientales.

La variación en el color de la piel se debe principalmente a la cantidad y tipo de melanina presente en la piel, que es producida por células llamadas melanocitos. Por otro lado, la evolución del color de la piel ha estado influenciada por factores como la radiación solar. Por eso, las poblaciones que han vivido en regiones con alta exposición a la radiación ultravioleta han desarrollado una mayor pigmentación de la piel como mecanismo de protección contra los efectos nocivos del sol. En cambio, las poblaciones en áreas con menor radiación han tendido a tener piel más clara, lo que facilita la síntesis de vitamina D en condiciones de baja luz solar. Ahora bien, un tanto que, para resumir, el concepto de "raza" en los seres humanos es una construcción social sin una base biológica sólida. La evidencia científica ha demostrado que, a nivel genético, los humanos comparten más del 99.9% de su material genético, lo que significa que las diferencias físicas, como el color de la piel, son superficiales y no reflejan una separación biológica clara.

Por tanto, la diversidad humana es el resultado de adaptaciones locales a diferentes entornos y de migraciones históricas que han permitido la mezcla de características genéticas. Entonces, la idea de que existen "razas" humanas distintas ha sido ampliamente desacreditada en la comunidad científica, que trabaja unánimemente para defender la igualdad entre los grupos humanos y despojar de construcciones pseudocientíficas esta realidad. Alan Templeton, evolucionista molecular de la Universidad de Washington, hizo público en la prestigiosa revista Nature, en marzo del 2002, un estudio acerca de las comparaciones de ADN en los seres humanos actuales. Según Cruz, sus conclusiones revolucionan completamente la antropología:

> ...Ya no se habla de huesos fósiles, sino de genes presentes en los humanos actuales que se consideran fósiles del pasado...todas las especies fósiles conocidas, tales como Homo erectus, Homo antecessor, Homo heidelbergiensis, Homo neanderthalensis y Homo sapiens, son en realidad la misma y única especie humana.[35]

Ahora bien, corrigiendo a Cruz, yo diría que no es que sean "lo mismo" básicamente, más bien, pertenecen al mismo **"Baramín"** (tipo creado). La variabilidad morfológica post-Babel fue extrema debido a la endogamia en grupos pequeños, lo que produjo rasgos "arcaicos" que la ciencia malinterpreta como "evolución. Por lo que, desde un punto de vista biológico, las razas humanas no existen. Juan Ignacio Pérez observa que, por consenso unánime de la comunidad biológica, todos los seres humanos vivos pertenecen a la misma especie.[36] De hecho, en el hebreo tampoco existe el vocablo "raza", sino que se habla de tribus, lenguas, naciones, familias. Además, encontramos en la Palabra de Dios que el Padre *de una sangre ha hecho todo el linaje de los hombres* (Hechos 17:26). José Marín González, Doctor en Antropología también declaró que:

> Las razas no existen, ni biológicamente ni científicamente. Los hombres por su origen común, pertenecen al mismo repertorio genético. Las variaciones que podemos constatar no son el resultado de genes diferentes. Si de "razas" se tratara, hay una sola "raza": la humana.[37]

Hay cientos de historias y doctrinas bíblicas que muchas veces no serán entendidos en su totalidad, a no ser con la ayuda del Espíritu Santo. Por otro lado, en ocasiones hay que acudir a fuentes extra bíblicas, para encontrar

---

[35] Antonio Cruz. *Darwin no mató a Dios:* (Miami, Florida: Editorial Vida. 2004), 181

[36] Juan Ignacio Pérez Iglesias. *Las razas humanas no existen.* 23/05/2019.: https://www.abc.es/ciencia/abci-explicacion-cientifica-no-existen-razas-humanas-201905231227_noticia.html. (Consultado el 11 de junio del 2019)

[37] José Marín González. *Razas:* https://www.meneame.net/c/8631174. (Consultado el 12 de Julio del 2019)

respuestas. Tal es el caso de las razas, si tratamos de explicarla bíblicamente no tendríamos argumentos suficientes, pero si el relato bíblico lo combinamos con otras informaciones seculares, sin duda le hallaremos más lógica a muchos temas difíciles de entender.

LA TUMBA DE TALPIOT: El Fraude que se convirtió en el último Suspiro del Ateísmo Sensacionalista.

Recuerdo aquel mediodía bajo el sol de Guantánamo. Mi vecino, cuya formación militar en Cuba le obligaba a ver la fe como una debilidad, me lanzó el documental de James Cameron como quien lanza un golpe final. En su mirada no había curiosidad, sino el deseo de ver mi fe derrumbarse. Fue en ese momento cuando entendí que la apologética no se trata de ganar debates, sino de rescatar la verdad de los escombros del sensacionalismo. Este documental se realizó 27 años después del descubrimiento, pero del cual reveló Charles Pellegrino que: *"En el lugar del hallazgo no intervino en ningún momento la investigación arqueológica ni científica"*.[38] Luego del debate, comprendí la relevancia de estudiar no solo aquellos temas comunes de la fe, sino aquellos, que no son fundamentales para la salvación. Imagino que él esperaba que el documental me convenciera de mi postura. Sin embargo, al verlo, mi fe se fortaleció aún más, lo que me llevó a escribir mis consideraciones acerca de la tumba de Talpiot.

Por ello, esta sección, la cual fue preparada luego de investigar muchas fuentes a mi alcance. Le aseguro al lector que aprenderá mucho más acerca del Jesús histórico, el lugar donde fue colocado tras su crucifixión, y estará aún más preparado el debate tanto de creyentes como de escépticos. Ahora bien, los osarios fueron encontrados en 1980, pero el documental es de 2007. El "enigma" aquí es el oportunismo mediático vs. el silencio científico de 27 años. Por eso, en este estudio no se limitará a la mera identificación de los nombres

---

[38] Charles Pellegrino. *La Tumba de la familia de Jesús*: https://es.wikipedia.org/wiki/Tumba_de_los_Diez_Osarios. (Consultado el 10 de Julio del 2019)

en cada osario. Sino también al análisis de las recientes afirmaciones de quienes aseguran haber encontrado "pruebas prácticamente inequívocas" de que realmente en esa tumba estaban los restos de Cristo. ¿Entonces, podría esta tumba, apodada "La tumba perdida de Jesús", ¿desafiar las narrativas tradicionales de la resurrección y la divinidad de Cristo?

Imagen de la entrada de la tumba de Talpiot

Los defensores de las teorías planteadas con el hallazgo de esta tumba, no buscan enriquecer la historia, sino más bien, ridiculizar la fe cristiana. Según Rodríguez, Cameron no solo trata de negar la resurrección de Cristo, dando a entender que sus huesos estaban en la tumba, sino que Jesús tuvo un matrimonio oculto con María Magdalena y de dicha relación un hijo, que fue ocultado a la Iglesia del primer Siglo.[39] No obstante, críticos argumentan que el documental utiliza la especulación para construir una narrativa que sugiere que la Tumba de Talpiot es la sepultura de Jesús y su familia, lo cual contradice la evidencia histórica y arqueológica existente.

Quienes exploraron el sepulcro fueron: el inspector de antigüedades Yosef Gat, los arqueólogos Eliot Braun y Amos Kloner. Por otro lado, Shimon Gibson

---

[39] P. Rodríguez. *Nuevas evidencias reabren el debate sobre la tumba de Jesús:* https://www.larazon.es/sociedad/nuevas-evidencias-reabren-el-debate-sobre-la-tumba-de-jesus-XI9390462/: (Consultado el 25 de Julio del 2024)

realizó un croquis de la tumba. Kloner había publicado un informe en el que revelaba las dimensiones de la tumba y lo que en ella se encontraba:

> …tiene un patio de 4,2m de ancho y una antecámara de 2m x 2,4m, cuyo techo fue casi en su totalidad destruido por las topadoras. La fachada de la cámara mortuoria se hallaba en la pared norte de la antecámara y estaba decorada con una cornisa en forma de V invertida por encima de un círculo y una roseta incompleta. La entrada mide 43cm x 47cm y tiene una pestaña donde encajaría una piedra cuadrada a modo de cierre (Golal), que no pudo hallarse. La cámara medía 2,3m x 2,3m y tiene una altura apenas mayor de 1,5m. Había dos nichos (Arcosolia), uno en la pared occidental y otro en la pared opuesta a la entrada. Estaban vacíos excepto por fragmentos de huesos. En la cámara principal se hallaron tres calaveras, vértebras y fragmentos óseos. Había seis osarios sin sus tapas, dos en cada una de las paredes excepto la de la entrada. En total se encontraron diez osarios. La mitad de ellos estaban decorados y la otra mitad lisos, sin decoración alguna. El grupo de Osarios estaba por encima del promedio en la proporción de los que tenían inscripciones (seis de los diez = 60%) y en que cinco de las seis inscripciones estaban en hebreo y una en griego, cuando la proporción general es cuatro en hebreo cada tres en griego. [40]

Investigaciones en torno a la Tumba de Talpiot

La Autoridad de Antigüedades de Israel (IAA) catalogó varios osarios, incluyendo algunos que posiblemente pertenecieran a Jesús y María Magdalena. Sin embargo, el análisis genético realizado en el Laboratorio de ADN de Lakehead en Ontario (Canadá) reveló que la información genética almacenada en la molécula de ADN, que se transmite de generación en generación como un código lineal, no coincidía con la supuesta línea ascendente de María, la madre de Jesús. Según uno de los directores del laboratorio, el ADN encontrado en los osarios correspondía a otras familias completamente distintas, sin ninguna relación genética con María o Jesús. Esto

---

[40] *La tumba de los diez osarios:* https://es.wikipedia.org/wiki/Tumba_de_los_Diez_Osarios. (Consultado el 10 d Julio del 2019)

contradice las afirmaciones de que los osarios pertenecían a la familia de Jesús, ya que el ADN no muestra el vínculo familiar esperado.

El supuesto gran descubrimiento.

En la tumba de Talpiot se encontraron 9 Osarios (Se sabe que eran 10, uno desapareció, porque había sido robado y vendido en el mercado negro de antigüedades por algún saqueador de tumbas). Seis de ellos aparecen tallados o *rayados* con un punzón u otro objeto punzante los siguientes nombres escritos que según la Autoridad de Antigüedades de Israel, eran[41]:

a. *Yehshúah Bar Yoshef (Jesús, Hijo de José)*
b. *Mariane, la "Maestra"*. Es una forma del nombre "Mariamne" y una versión de "María", vista en los "Actos de Felipe", una obra del siglo IV escrito sobre Felipe, (el hermano de María Magdalena), que fue recuperado de un monasterio del monte Athos en Grecia. Fraçois Bovon (de la Universidad de Harvard) determinó que se trataba de María Magdalena
c. *(Judas, Hijo de Jesús)*
d. *Yosha (José).* Escrita en hebreo, se trata de un apodo del hebreo "Yoshef" (José). El nombre de José en la Judea del Siglo I era un nombre muy popular y muchos hombres se llamaban así.
e. *Mariah (María):* Escrita en hebreo. Aproximadamente el 25% de las mujeres de Judea (porción meridional del Israel histórico) del Siglo I eran llamadas Miriam (en castellano María). Como resultado, para poder distinguirse entre unas de las otras en la época, se adoptaron numerosos variantes y apodos.
f. *Matthiyah (Mateo):* Esta inscripción está escrita en hebreo, y es el nombre original en esa lengua del nombre castellanizado "Mateo". En las investigaciones científicas hechas a los huesos no se pudo garantizar que se tratara del autor del Evangelio de Mateo, otro discípulo de Jesús, o un miembro de su familia.

---

[41] Rigoberto Aranda. *Científicos israelíes habrían hallado en Jerusalén tumba con restos de Jesús, su familia y María Magdalena. 26.02.2007.* http://www.cronica.com.mx/notas/2007/287749.html. (Consultado el 10 de Julio del 2019)

g. Ya'akov Bar Yoshef Akhui di Yehshúah (Santiago, Hijo de José, Hermano de Jesús): Este por fin fue localizado en un mercadillo de antigüedades de Israel. Su propietario Oded Golan, fue detenido en prisión con cargos por "Fraude Arqueológico". Se cree que el osario es auténtico, y se sabe que era el que faltaba de la tumba de los diez Osarios en Talpiot. Mide 50,8 cm de largo, 30,5 cm de alto y 25,4 cm de ancho.

h. Yosa (José): Se pretende insinuar con este osario que se trataba de José, hijo de Jesús.

Las argumentaciones a favor de la tumba de Talpiot como el lugar de entierro de la familia de Jesús se basan en la presencia de estos nombres, pero dichas inscripciones han sido cuestionadas por su autenticidad y la edad, las cuales son dudosas. Spiegelman, de la Universidad Hebrea, comentó que la probabilidad de que la contaminación haya afectado las muestras es alta, lo que hace que los resultados de ADN no sean confiables.[42] Otro estudioso, Feuerverger examinó todos los nombres que aparecían en la tumba, eran un total de diez osarios, seis de los cuales poseen inscripciones. Un estudio realizado por el Dr. Andrey Feuerverger, profesor de estadística en la Universidad de Toronto, que sugirió una probabilidad estadística significativa de que esta tumba sea la tumba familiar de Jesús de Nazaret. El Dr. Feuerverger aplicó técnicas de estadística matemática para evaluar la probabilidad de que los nombres encontrados en los osarios correspondan a una familia, específicamente la de Jesús. Su análisis se basó en:

1. Combinaciones de Nombres: Examinó las inscripciones en los osarios y calculó las probabilidades de coincidencias entre los nombres y las relaciones familiares, considerando la frecuencia de nombres en la Judea del siglo I.
2. Modelos Probabilísticos: Utilizó modelos estadísticos para estimar la probabilidad de que los osarios pertenecieran a una misma familia, argumentando que la combinación de nombres era inusualmente alta para ser coincidente por azar.

---

42 Mark Spiegelman. *La contaminación de las muestras de ADN en el sepulcro de Talpiot*: (Jerusalén. Israel; Universidad Hebrea; 2010), s.p

3. Resultados: Por último, concluyó que existía una probabilidad del 1 en 600 de que la tumba no fuera la de la familia de Jesús, lo que sugiere que es "altamente probable" que los osarios pertenecieran a él y a su familia.

Pero, a pesar de la atención que ha recibido el estudio de Feuerverger, varios investigadores han planteado objeciones significativas, entre los que se encuentra el comentario de Joe Zias, quien argumentó que dichos cálculos, reflejan un esfuerzo sensacionalista, carente de una comprensión profunda de la arqueología y la historia judía.[43] Además, la alta frecuencia de nombres como "María" en la Judea del siglo I plantea dudas sobre la singularidad de las inscripciones, ya que aproximadamente el 25% de las mujeres de la época eran llamadas Miriam (María), diluyéndose así, la fuerza de la afirmación de Feuerverger.

Fraude Arqueológico

En la Jerusalén del siglo I, los nombres "Jesús", "María" y "José" eran extraordinariamente comunes. Según el Catálogo de Nombres Judíos en la Antigüedad de Tal Ilan, casi el 25% de la población llevaba alguno de estos nombres. Esto significa que encontrar una tumba con inscripciones de "Jesús hijo de José" y "María" no es sorprendente, sino estadísticamente esperable.

Nombre	Frecuencia aproximada	Porcentaje en la población
Jesús (Yeshua)	99 casos documentados	~8%
José (Yosef)	221 casos documentados	~14%
María (Mariam/Mariah)	70 casos documentados	~7%

El fraude arqueológico y la manipulación de la evidencia son preocupaciones fundamentales en este caso. Es por eso que esta tumba sigue siendo un misterio. De hecho, muchas pruebas científicas e históricas prueban que el asunto de las inscripciones de los osarios, no era más que una confabulación herética de los enemigos de la fe cristiana. A continuación se muestran los cálculos realizados por Feuerverger:

---

[43] Zias, J. *Críticas a los cálculos probabilísticos en el sepulcro de Talpiot*: (Jerusalén. Israel; Autoridad de Antigüedades de Israel. 2007), s.p

FRECUENCIA DE LOS NOMBRES EN JERUSALÉN EN EL SIGLO I				
Jesús, Hijo de José	**Mariamne**	**Mateo**	**Yosha**	**María**
1 de cada 190 personas	1 de cada 160 personas	1 de cada 40 personas	1 de cada 20 personas	1 de cada 4 personas

CÁLCULO INICIAL

$$\left(\frac{1}{190}\right) \times \left(\frac{1}{160}\right) \times \left(\frac{1}{40}\right) \times \left(\frac{1}{20}\right) \times \left(\frac{1}{4}\right) = \frac{1}{97.280.000}$$

SEGUNDO CÁLCULO

Se elimina el nombre de Mateo por que no está explícitamente mencionado en los Evangelios como familia de Jesús

$$\left(\frac{1}{190}\right) \times \left(\frac{1}{160}\right) \times \left(\frac{1}{20}\right) \times \left(\frac{1}{4}\right) = \frac{1}{2.400.000}$$

TERCER CÁLCULO

Ajuste por divergencias no intencionales en las fuentes históricas

$$\frac{2.400.000}{4} = 600.000$$

CUARTO CÁLCULO

Ajuste a todas las posibles tumbas de Jerusalén del Siglo I, descubiertas o no

$$\frac{600.000}{1.000} = 600$$

FACTOR DE PROBABILIDAD

$$\frac{600}{1}$$

Estudios estadísticos matemáticos v/s pruebas científicas.

El Doctor Andrey Feuerverger, profesor emérito del Departamento de Estadística y matemáticas de la Universidad de Toronto de la Universidad de Toronto, examinó todos los nombres que aparecían en la tumba y llegó a la conclusión de que existe una probabilidad estadística de que la tumba de

Talpiot es realmente la tumba familiar de Jesús.[44] Sus cálculos se enfocaron en demostrar que se trató de una tumba familiar, pero no prueban que haya sido la de la familia de Jesús de Nazaret, y mucho menos que ahí estuvieran sus restos. En realidad, las tumbas del siglo I solían incluir personas sin parentesco directo, amigos cercanos o individuos con nombres coincidentes por tradición.

Esto invalida la premisa de que la combinación de nombres sea "estadísticamente imposible por azar". Otro argumento contundente es la contradicción socioeconómica. La familia de Jesús provenía de Nazaret, un contexto humilde y rural. La hipótesis de que la tumba de Talpiot pertenece a la familia de Jesús se estrella contra la muralla de la estratigrafía social del siglo I. Mientras que el documentalismo sensacionalista intenta forzar una conexión onomástica, la arqueología forense revela una contradicción logística insalvable: la tumba de Talpiot es un complejo aristocrático, un mausoleo diseñado para la élite de Jerusalén con recursos que una familia de artesanos galileos jamás poseyó.

Presentar a un carpintero de Nazaret como el propietario de un osario en una necrópolis de lujo es un anacronismo histórico terminal. Por tanto, la hipótesis de Talpiot colapsa ante la estratigrafía social del siglo I. Presentar a un artesano de Nazaret como propietario de un mausoleo aristocrático en la capital es un anacronismo logístico terminal. Si la familia de Jesús hubiera tenido tal solvencia, el entierro de emergencia en una tumba prestada por José de Arimatea carecería de sentido histórico. Talpiot es el orgullo de la jerarquía herodiana; la tumba de Cristo es el testimonio de la humildad del Mesías.

El osario manipulado

Oded Golan, propietario del osario que supuestamente lleva la inscripción "Santiago, hijo de José, hermano de Jesús", por ejemplo, fue acusado de fraude arqueológico. Fue hallado culpable de un cargo relacionado con la venta ilegal de antigüedades, pero la acusación de falsificación no se probó, lo que dejó la autenticidad del osario en un estado de ambigüedad. No obstante, el osario ha sido objeto de intenso escrutinio, y muchos expertos han llegado a la conclusión de que, aunque el osario en sí es antiguo, la inscripción fue añadida

[44]*Andrey Feuerverger. https://esacademic.com/dic.nsf/eswiki/700963. (Consultado el 10 de Julio de 2019)*

posteriormente, posiblemente en tiempos modernos.[45] Igualmente, una de las inscripciones, aunque no unánimemente, fue leída como "Yeshua b[ar] Yehosef", que significa, "*Jesús, hijo de José*".

Sin embargo, la lectura es incierta y ha sido criticada por algunos expertos, quienes consideran que solo "*hijo de José*" puede ser leído con certeza y que el primer nombre podría ser Hanun, según lo advierte el New York Time del 4 de abril del 2015.[46] La premisa de que los restos de Jesús y su familia se encontraban en esta tumba ha sido rechazada por muchos expertos en el campo, quienes sostienen que la evidencia presentada es insuficiente y a menudo engañosa.

Teorías propuestas a partir del descubrimiento de la tumba de Talpiot

Desde el siglo primero se manejó la manipulada idea de que el cuerpo de Jesús fue robado por los discípulos y puesto en este sepulcro. Mateo, el discípulo de Cristo nos muestra que ya de desde aquella época, los enemigos de Cristo estaban buscando la manera de poner en duda el milagro de la resurrección (Mat. 27:62–66). McDowell presenta evidencia de algunos testimonios, de personajes antiguos que afirman el relato bíblico, por ejemplo:

Teoría de que el cuerpo de Jesús fue robado

a. Justino Mártir (c. 100/114 - 162/168) fue uno de los primeros apologistas cristianos, en su diálogo contra Trifón de (108), aparece el siguiente enunciado: *"Los judíos hablan de un Jesús, un engañador galileo, a quien crucificamos, pero sus discípulos lo robaron de noche de la tumba, en donde fue colocado al ser sacado de la cruz, y ahora engaña a los hombres declarando que se ha levantado de los muertos, ya ascendido en los cielo"*[47]
b. Hermann Samuel Reimarus (Hamburgo, 1694 - 1768). Historiador alemán. La obra de Reimarus se adelantó a su tiempo y con ello perdió

---

[45] Domínguez Vilar, E. A. "*El documental 'La tumba perdida de Jesús', un ejemplo de oportunismo anticientífico*: Revista de Cine y Televisión. 15, no. 2 (2015), 123-124

[46] Isabel Kershner. *Findings Reignite Debate on Claim of Jesus' Bones Isabel Kershner*. New York Times: https://www.nytimes.com/2015/04/05/world/middleeast/findings-reignite-debate-on-claim-of-jesus-bones.html?_r=0: (Accedido el 26 de julio del 2024)

[47] Josh McDowell. *Evidencia que Exige un Veredicto:*(Deerfield, Florida; Editorial Vida. 1993), 240

todo efecto. No dejó ningún discípulo que continuara su obra, la cual tampoco ha sido todavía no ha sido editada completamente. Su manuscrito de 4.000 páginas aún reposa en la Stadtbiliotek de Hamburgo a la espera de una edición completa de sus obras. En esta obra Reimarus también dice repitiendo la misma historia: *"Los discípulos de Jesús, hurtaron el cuerpo de Jesús antes de que hubiese estado sepultado 24 horas, representaron en el lugar de la sepultura la comedia del sepulcro vacío y demoraron el anuncio público de la resurrección hasta el día 15, cuando la descomposición del cuerpo había sido total"*.[48] Strobel, en su minuciosa investigación responde a Reimarus de la siguiente manera:

> En realidad, nadie, ni siquiera las autoridades romanas ni los líderes judíos, jamás dijeron que la tumba todavía encerraba el cuerpo de Jesús. En cambio, se vieron obligados a inventar la historia absurda de que los discípulos, a pesar de carecer del motivo y la oportunidad, habían robado el cuerpo, una teoría que ni siquiera el crítico más escéptico cree hoy día.[49]

Debe notarse que fueron los principales sacerdotes y fariseos los que presentaron la posibilidad de un rodo del cuerpo, por ello tomaron todas las precauciones necesarias (Mat. 27:62–66). Pero ninguno de ellos se imaginaría que los discípulos harían todo lo contrario, cada uno corrió y abandonó a su maestro (Jn 20:19; Mr 16:14; Lc 24:36; 1Co 15:5). Por otro lado, el hecho de que las mujeres vieran donde fue puesto el cuerpo (Lc. 23:55), refuerza la autenticidad de la historia. Pues, era una evidencia clara de que el lugar de la tumba de Jesús era conocido tanto a los judíos como a los cristianos, así que, no sería imposible haber sido verificado por los enemigos de la fe. Por último, no puede probarse que la misma familia de Jesús haya tallado esta inscripción en el osario, pues, si la familia de Cristo hubiese tenido una tumba familiar, no hubieran precisado de la bondad de José de Arimatea (Mt 27:57-60; Mr 15:46; Lc 23:50, 53; Jn 19:38).

Teoría de que el cuerpo de María Magdalena fue el encontrado en la tumba.

---

[48] *Íbid*

[49] Lee Strobel. *El caso de Cristo. Una Investigación Exhaustiva:* (Miami, Florida; Editorial Vida. 2000), 306

Ni siquiera los relatos bíblicos aseguran que María y José no tenían muy buen desenvolvimiento económico: (a) María ofreció la ofrenda de los pobres cuando presentó a Jesús (Lc 2:24 c.p Lv 12:8); (b) José era carpintero (Mt 13:55). El osario bajo la inscripción **IAA 80-500** *Mariamne e Marah (Mariam[agdale]na, el "Maestro"),* también está rodeado de un sin número de incongruencias. Para algunos María Magdalena fue realmente la auténtica promotora y fundadora del movimiento de Jesús de Nazareth. Se cree que fue llamada "e Marah" (*el Maestro*). Sin embargo en la Biblia jamás se le presenta como maestra ni apóstol. Incluso, hay evidencias de que en el primer siglo les era prohíbo a las mujeres enseñar públicamente, aunque no necesariamente servir dentro de la congregación (1 Co 14:34; 2 Co 10:8-11; 1 Tim 2:12). No obstante, tampoco se puede negar que fue de incalculable valor para la iglesia primera:

1. Fue una de las mujeres que servía a Jesús. (Mateo 27:55-56)
2. Había sido sanada de espíritus inmundos (Marcos 16:9)
3. Estuvo ante la cruz hasta el final (Marcos 15:45-47; Juan 19: 25)
4. Fue una de las que Jesús se le aparece y le da buenas nuevas para los discípulos (Mateo 28:1-5; Juan 20:1-2; Marcos 16:1-5).

Hendriksen argumenta que ella ra de Magdala, ubicada en la costa sudoccidental del Mar de Galilea. El Señor la había libertado de una condición mala de posesión demoniaca (Lc. 8:2). Ella es la María que, después de la resurrección de Cristo, "estaba llorando junto al sepulcro" cuando Jesús, a quien tomó por el hortelano, se le apareció (Jn. 20:11–18). Definitivamente ella no es la mujer pecadora de Lc. 7. [50] Los análisis del ADN mitocondríaco extraído de la *pátina* del fondo de ambos Osarios de la Tumba de Talpiot artrojaron los siguientes resultados: *"Mientras que los análisis del ADN mitocondrial de los restos de la Tumba de Talpiot han arrojado resultados interesantes, no existe evidencia genética concluyente que vincule a estos restos con la figura histórica de María Magdalena."*[51]

Además, otra gran prueba de que este osario no pertenece a María Magdalena es el hecho de que hay una fuerte creencia de que María

---

[50] William Hendriksen, *Comentario Al Nuevo Testamento: El Evangelio Según San Mateo* (Grand Rapids, MI: Libros Desafío, 2007), 1026.

[51]Cline, E. H. *The Talpiot Tomb: A Case Study in the Interpretation of Archaeological Evidence:* (American Journal of Archaeology, 2007), 635

Magdalena huyó de Jerusalén hacia Francia, donde murió y están sus tumbas con sus posibles restos. McBirnie argumenta al respecto:

> El único apóstol cuya tradición se asocia con Francia es Felipe, aunque hay figuras sub-apostólicas tales como María Magdalena, las hermanas María y Marta, y su hermano Lázaro, quienes están identificados con Marsella, en Francia. De hecho, sus tumbas se exhiben allí hasta el día de hoy.[52]

Teoría de que el cuerpo de José, padre de Jesús estaba en la tumba.

En el Evangelio de Mateo José es presentado como descendiente de David (Mt. 1.20), pero su genealogía no concuerda con la que presenta Lucas (Lc. 3), debido a que esta última trata de la genealogía de María. Lucas había demostrado que Jesús no era hijo de José y tanto Mateo como Lucas registran que Jesús fue concebido por el Espíritu Santo cuando José estaba aún comprometido con María (Mt. 1.18; Lc. 1.27, 35). Lucas aclara la forma en que el ángel hizo la revelación a María, pero Mateo se ocupa de la revelación a José. Parece que Mateo obtuvo esta información de José, ya que fue una experiencia muy personal. Este hizo todo lo posible por encaminar a Jesús en cuanto a las costumbres Judías, y se comportó como un verdadero padre:

a. Lo llevó a Jerusalén para la purificación (Lc. 2.22)
b. Huyó con él a Egipto para escapar a los designios de Herodes.
c. Volvió a Nazaret y se estableció allí (Mt. 2).
d. Cada año llevaba al joven Jesús a Jerusalén para la pascua (Lc. 2.41).

Es casi seguro que José ya había muerto cuando Jesús comenzó su ministerio. A partir de ahí ya no se hace mención directa de él, y sería difícil explicar de otro modo las palabras de Jesús desde la cruz (Jn. 19.26–27), y las referencias a María y sus hermanos cuando buscaban al Señor (Mt. 12.46; Mr. 3.31; Lc. 8.19). Por lo tanto es totalmente imposible que José muerto, haya sido puesto en la tumba donde fuera puesto el cuerpo de Jesús. ¿Dónde fue puesto? Esto no se sabe, pero tampoco puede probarse que los restos encontrados en la tumba de Talpiot son los de José el carpintero.

---

[52] William Steuart McBirnie. *En Busca De Los Doce Apóstoles:* (Carol Stream, IL: Tyndale House Publishers, 2009), 105.

Teoría de que el Mateo encontrado en la tumba era el escritor del Evangelio del mismo nombre y un familiar de Jesús.

Se encontró en la genealogía del Evangelio de Lucas 3:23-38, que María, la madre de Jesús, contaba con varios "*Mateos*" en su familia, no se encontró un "*Daniel" ni* un "*Jonás*". Sin embargo esto no es prueba concluyente de que este osario perteneciente a Mateo se trate de un ascendiente de María la madre de Jesús, ya que según el ADN de estos restos eran contemporáneos a los restos de la María encontrada en la misma tumba. Además, tampoco es adecuado vincularlo con el escritor del Evangelio. Una investigación de William Steuart McBirnie cita algunas tradiciones de la muerte de Mateo, y según ellas, el apóstol no murió en Jerusalén:

> Existen demasiadas historias sobre la muerte de Mateo como para saber la manera exacta en que murió. Es probable que no haya sido en Etiopía, África, sino en Egipto. Es notable la relación de las leyendas de Mateo con el Sanedrín. El Sanedrín era un cuerpo de judíos importantes en Alejandría, Egipto. Esto daría indicios de una relación histórica de Mateo con Egipto. Tal vez sea posible que Mateo fuera martirizado en Egipto a su regreso de Etiopía en África... [53]

Teoría de que los restos de Santiago, el hermano de Jesús era el que encontraron en la tumba.

Este osario fue todo un fraude, identificado como el *Osario de Santiago*. Según los análisis de los escritos la inscripción *Santiago, Hijo de José* era auténtica, escrita por la misma persona, pero la inscripción *Hermano de Jesús*, fue añadido por Oded Golan. Los análisis científicos sitúan la primera mitad de la inscripción en la primera mitad del Siglo I, pero la segunda mitad de la inscripción fue realizada en tiempos modernos. Se cree que Santiago el hermano de Jesús fue brutalmente ejecutado en Jerusalén a los 90 años y que sus restos *"fueron transferidos del Valle de Cedrón en el siglo cuarto y enterrados en su casa, ruinas que posteriormente fueron incorporadas a la catedral"* [54]

---

[53] *William Steuart McBirnie, En Busca De Los Doce Apóstoles (Carol Stream, IL: Tyndale House Publishers, 2009), 144-145*

[54] *Íbid, 152*

Teoría de que los restos de José, supuesto hermano de Jesús fue eran los encontrados en la tumba.

Hasta la fecha, la inscripción de "*Yosa*" que aparece en la tumba de Talpiot es el único ejemplo de este nombre encontrado en un Osario. En el Evangelio de Marcos, que es el más antiguo de los cuatro evangelios inscritos en el Canon, José, el hermano de Jesús, es llamado "*ιωση*" ("*Iosē*"), y no *Yosa*. En Marcos 6:3, cuando Jesús se encuentra en Nazaret, la muchedumbre se maravilla al oírle predicar en la sinagoga, ya que le conocían por su antiguo oficio y no como predicador o profeta:

> Οὐ ἐστιν οὗτός ὁ τέκτων, ὁ υἱὸς Μαρία ἀδελφὸς δὲ Ἰακώβου καὶ Ἰωσῆτος καὶ Ἰούδα καὶ Σίμωνος; καὶ οὐκ εἰσὶν ὧδε πρὸς ἡμᾶς αὐτοῦ ὁ ἀδελφαί; καὶ ἐσκανδαλίζοντο ἐν αὐτῷ.

Una correcta traducción del texto sería: *"¿No es eso cierto que este carpintero es uno de los hijos de María, y su hermano Jacob, y Judas y Simón están delante de nosotros con sus hermanas? Y estaban escandalizados por eso"*. En la Biblia hay otras evidencias de que Jesús tenía hermanos y hermanas (Mr. 3:1; 12:46; Lc. 8:19; Jn. 2:12; 7:3; Hch. 1:14). Según algunos arqueólogos, que se han dedicado a la investigación de evidencias bíblicas afirman que José antes de casarse con María era viudo, y que había tenido hijos con su primer matrimonio. Esto no solo hace a Jesús el hijo primogénito de María, sino también, la teoría en la que otras denominaciones religiosas se han basado para afirmar que María permaneció virgen hasta su muerte. Aunque de estos detalles no se da muchos elementos en las Escrituras si se nos aclara que las teorías antes mencionadas son erradas:

1. Si José realmente era viudo o tenía otros hijos antes de unirse a María, entonces éste debió como padre y tutor de sus hijos trasladarlos junto a María en su viaje a Galilea. Pero la Biblia afirma que José fue con María, al parecer estaban solo, pero no se da más elementos (Lc 2:4-5). Como vemos no se hace referencias a otros miembros de la familia de José.
2. Si los hermanos de Jesús eran hijos de José y María, entonces, Jesús era el hermano mayor, y lo vemos demostrado en el respeto y obediencia que mostraban sus hermanos hacía él (Jn 7:8-9).

Análisis crítico según las Escrituras

Como sabemos que en el siglo primero muchos enemigos de la fe se encargaron de crear teorías sin pruebas, para crear confusión entre el pueblo, en esta sección desmentiremos los argumentos sugeridos por el documental en cuestión a la luz de la Biblia y de evidencias históricas. Por ejemplo, El osario con la inscripción IAA **80-503** *Yehshúah Bar Yoshef (Jesús, Hijo de José)* tiene un carácter muy dudoso. Famosos historiadores contemporáneos a Cristo no coinciden con tal sugerencia. Josh McDowell en su libro Evidencias que exige un veredicto, haciendo alusión al Talmud Tol'doth Yeshu plantea que existen evidencias de que Jesucristo era llamado *Yeshu ben Pandera*, en lugar de Jesús de Nazaret o *Yehshúah Bar Yoshef*. Esto se debía a que entre los judíos llegó a ser muy común referirse con el nombre Pandera o Pantera, ya que se usaba ese término como juego de palabras que ridiculizaba la palabra griega **παρθένος** (*parthenos*), que significa virgen. Así que al referirse a Cristo lo hacía bajo el título de Jesús hijo de la Virgen.[55]

Esto claramente evidenciaba que para los judíos era firme la creencia de que Cristo no era hijo de José, sino que era un hijo bastardo, producto de una aventura en secreto de María. Hay muy pocas referencia del uso del título Hijo de José, o hijo del carpintero, y eso solo salió de los labios de aquellos que no aceptaban la divinidad de Cristo (Mt 13: 55). Normalmente las tumbas de la época constaban de dos cámaras (Mt. 27:65-66). En la primera cámara, la exterior, era depositado el cuerpo del difunto envuelto en un sudario blanco perfumado, y la segunda cámara era destinada para depositar, un año después de la muerte del difunto sus huesos guardados en un Osario. Afirmar que los huesos de Jesús son los del Osario en cuestión estaría muy en desacuerdo con la lógica, porque si Jesús realmente no resucitó, porqué se presentó a sus discípulos, quienes al verle se asustaron porque creyeron que veían un espíritu (Lc. 24: 38-40), sin embargo, Jesús les descarta que su cuerpo era real, que podía ser palpado, y aún a Tomás en su incredulidad se le dio la oportunidad de comprobar con sus propias manos (Jn. 20:27). Es por eso que después de la resurrección de Cristo, muchos de los que no creían comenzaron a hacerlo (Hch 2:43; 4:30; 5:12; 6:8; 8:6).

Con algunos datos encontrados en registros antiguos es posible realizar un análisis estadístico que considere la prevalencia de nombres en el primer siglo

---

[55] *Josh McDowell. Evidencia que Exige un Veredicto:(Deerfield, Florida; Editorial Vida. 1993), 87*

en Judea, así como la interpretación de los cálculos presentados por el Dr. Andrey Feuerverger. Se estima que, en el primer siglo, aproximadamente el 25% de las mujeres en Judea llevaban el nombre "María" (Miriam), y los nombres de "José" y "Jesús" (Yeshua) también era muy populares. Así que, suponiendo que, en una población de 100,000 personas en Judea, aproximadamente 25,000 mujeres se llamaban María, 10,000 hombres se llamaban José y 5,000 hombres se llamaban Jesús. Esto implica que, en un contexto de 10 osarios, la probabilidad de encontrar combinaciones de estos nombres es considerablemente alta. Utilizando el principio de combinatoria, podemos calcular la probabilidad de que al menos uno de los nombres en la tumba coincida con un nombre común en la población. Si consideramos que hay 10 osarios, la combinación de nombres comunes puede ser representada como:

$$P\ (\textit{al menos un nombre común}) = 1 - P\ (\textit{ningún nombre común})$$

Dónde:

$$P = (1 - 25000\,/\,100{,}000)^{10} \times (1 - 10{,}000/100{,}000)^{10} \times (1 - 5{,}000/100{,}000)^{10}$$

Ahora bien, realicemos un cálculo pensando como variables los nombres comunes siguientes: (a) María (Miriam): 25.000 mujeres en la población de 100.000; (b) José: 10.000 hombres en la población de 100.000; (c) Jesús (Yeshua): 5.000 hombres en la población de 100.000.

A. Para María :

$$P = 1 - 25000\,/\,100000$$
$$P = 1 - 0{,}25$$
$$P = (0{,}75)^{10} \approx 0{,}0563$$

B. Para José :

$$P = 1 - 10000\,/\,100000$$
$$P = 1 - 0{,}901$$
$$P = (0{,}90)^{10} \approx 0.3487$$

C. Para Jesús :

$$P = 1 - 5000\,/\,100000$$
$$P = 1 - 0{,}05$$

$$P = (0,95)^{10} \approx 0,5987$$

Ahora, multiplicamos los resultados de cada uno de los términos:

$$P \approx (0,0563) \times (0,3487) \times (0,5987$$

Realizando el cálculo:

$$P \approx 0,0563 \times 0,3487 \approx 0,0196 \approx 0,0563 \times 0,3487 \approx 0,0196$$

Y luego:

$$P \approx 0,0196 \times 0,5987 \approx 0,0117 \approx 0,0196 \times 0,5987 \approx 0,0117$$

Por lo tanto, la probabilidad de que ninguno de los nombres comunes aparezca en los osarios es aproximadamente es de 0,0117. Entonces, para encontrar la probabilidad de que al menos uno de los nombres comunes esté presente, utilizamos la primera fórmula:

$$P\ (\text{Al menos uno}) = 1 - P\ (\text{ninguno}) \approx 1 - 0,0117 \approx 0,9883$$

Esto daría como resultado de que la probabilidad de que al menos uno de los nombres comunes (María, José, Jesús) aparezca en los osarios de la Tumba de Talpiot es aproximadamente 0.9883, o sea, un 98.83%. Lo que indica que, dada la alta frecuencia de estos nombres en la población del primer siglo, es extremadamente probable que se encuentren coincidencias en los nombres de los osarios, lo que refuerza la idea de que la Tumba de Talpiot no puede ser fácilmente vinculada a la familia de Jesús solo por la presencia de nombres comunes. Ahora bien, esto es incluso comprobable desde una perspectiva bíblica. De hecho, si vamos al Nuevo Testamento, se pueden encontrar que, en los días de Jesús, muchas personas se llamaban igual. Por ejemplo:

a. El nombre José se menciona unas 25 veces en el Nuevo Testamento, refiriéndose a al menos 5 personas diferentes:
    1) José, esposo de María y padre adoptivo de Jesús (Mateo 1:16, 18-19; 2:13, 19; Lucas 1:27; 2:4, 16, 33, 43; 3:23; 4:22; Juan 1:45; 6:42)
    2) José de Arimatea, discípulo de Jesús que pidió el cuerpo de Jesús para sepultarlo (Mateo 27:57-58; Marcos 15:43-45; Lucas 23:50-52; Juan 19:38)
    3) José, llamado Bernabé (Hechos 4:36)
    4) José, hermano de Jesús (Mateo 13:55; Marcos 6:3)

5) José, padre de Judas (no Iscariote) (Lucas 6:16; Hechos 1:13)

b. El nombre Judas se menciona unas 35 veces en el Nuevo Testamento, refiriéndose a al menos 5 personas diferentes:

1) Judas Iscariote, uno de los doce apóstoles que traicionó a Jesús (Mateo 10:4; 26:14-16, 25, 47; Marcos 3:19; 14:10-11, 43; Lucas 6:16; 22:3-6, 47-48; Juan 6:71; 12:4; 13:2, 26-30; 18:2-5)
2) Judas, hermano de Jesús (Mateo 13:55; Marcos 6:3; Judas 1)
3) Judas, hijo de Santiago (Lucas 6:16; Hechos 1:13)
4) Judas, llamado también Barsabás (Hechos 15:22, 27, 32)
5) Judas de Galilea, líder de una rebelión (Hechos 5:37)

c.El nombre María se menciona al menos 55 veces en el Nuevo Testamento, refiriéndose a al menos 6 personas diferentes:

1) María, madre de Jesús (Mateo 1:16, 18, 20; 2:11; 13:55; Marcos 6:3; Lucas 1:27, 30-31, 34, 38-39, 41, 46, 56; 2:5, 16, 19, 34; Juan 2:1, 3, 5; 19:25; Hechos 1:14)
2) María Magdalena (Mateo 27:56, 61; 28:1; Marcos 15:40, 47; 16:1, 9; Luke 8:2; 24:10; John 19:25; 20:1, 11, 16, 18)
3) María, hermana de Lázaro y Marta (Lucas 10:39, 42; Juan 11:1-2, 19-20, 28-32, 45; 12:3)
4) María, madre de Santiago el Menor y de José (Mateo 27:56; Marcos 15:40; 16:1)
5) María, madre de Juan Marcos (Hechos 12:12)
6) María, una cristiana en Roma (Romanos 16:6)

Esto evidencia bíblica de múltiples personas con los mismos nombres en el primer siglo refuerza la idea de que la coincidencia de nombres en la Tumba de Talpiot no es suficiente para vincularla a la familia de Jesús. Si el análisis estadístico propuesto por Feuerverger fuese correcto, tal vez si se trate de una tumba familiar, pero obviamente, no la familia de Jesús. Además, curiosamente, Tumbas similares habían sido encontradas ya desde antiguo. La primera en 1873 por el erudito francés Charles Clermont-Ganneau, dentro de la cual había 30 osarios, varios de ellos con signos cruciformes junto a nombres como "Juan" o "Jesús" en griego. También en 1945, el Profesor E.L. Sukenik del Museo de Antigüedades Judías de la Universidad Hebrea de Jerusalén describió otra tumba en Talpiot, cerca de Jerusalén, con dos osarios que tenían el nombre de "Jesús" en hebreo. Uno de estos osarios tenía también cuatro cruces grandes dibujadas. El Prof. Sukenik concluyó que las inscripciones y las cruces estaban relacionadas, y les atribuyó significado religioso, considerando que eran "expresiones de pesar por la crucifixión de Jesús"[56]

Según el Nuevo Testamento, Jesús tuvo al menos cuatro hermanos mencionados explícitamente en los evangelios: Santiago (Jacobo), José, Judas, y Simón, además, tuvo hermanas, aunque no se especifica número ni nombres de ellas (Mateo 13:55-56; Marcos 6:3). Ahora bien, comparándolos con los nombres encontrados en los osarios de la Tumba de Talpiot encontramos:

1. Como el osario con el nombre de Santiago fue un fraude, se elimina del análisis.
2. Debido a que el nombre "José", era altamente común en el primer siglo, tenerlo en cuenta daría paso a mucha especulación, asi que se elimina del análisis.
3. En cuando al nombre "Judas", el osario que se encontró en la tumba, no dice que era hijo de José, sino de Jesús, lo que la hace inválida, pues se sabe que Jesús murió con al menos 33-35 años, y hasta el momento de su muerte no tuvo hijos.
4. El último nombre "Simón" es mencionado como uno de los hermanos de Jesús, sin embargo, en los osarios encontrados, no hay inscripciones que se relacionen directamente con este nombre, lo que hace pensar, que efectivamente esta no era la tumba familiar de la familia de Cristo.

Como no existen registros históricos extra bíblicos que proporcionen una genealogía detallada de María, la madre de Jesús, no es posible descifrar los nombres verdaderos de las hermanas. Aunque, algunos comentaristas han propuesto nombres para las hermanas de Jesús, como Salomé y Ana, pero estas son especulaciones sin respaldo en textos antiguos. Incluso Epifanio de Salamis, en su obra "*Panarion*", menciona que José, el esposo de María, tuvo hijos de un matrimonio anterior, que se llamaban Santiago, José, Simón y Judas, y menciona que José tuvo dos hijas, pero tampoco proporciona sus

[56] *La tumba de Talpiot:* https://es.wikipedia.org/wiki/Tumba_de_Talpiot: (Accedido el 20 de abril del 2019).

nombres.[57] Es por eso, que muchos sugieren que los "hermanos" de Jesús no eran hijos biológicos de María.

Esto nos lleva a concluir, que, aunque la existencia de hermanos de Jesús está bien documentada en el Nuevo Testamento, la identificación de los osarios en la Tumba de Talpiot con la familia de Jesús es problemática. También es importante refutar la idea de que Jesús tuvo una relación secreta con María Magdalena y que tuvieron un hijo. De hecho, esta teoría carece de fundamento histórico y bíblico, y ha sido ampliamente desacreditada por eruditos serios. En primer lugar, los Evangelios canónicos, que son las fuentes primarias más cercanas a la vida de Jesús, no mencionan en ningún momento una relación amorosa entre Jesús y María Magdalena. Más bien, María Magdalena es identificada como una de las mujeres que seguían a Jesús y le servían, pero no hay indicios de un vínculo especial entre ellos.

En segundo lugar, los testimonios de historiadores judíos contemporáneos a Jesús, como Flavio Josefo, no hacen ninguna mención a un hijo de Jesús. Josefo, en su obra "Antigüedades Judías", describe detalladamente la vida de Jesús y su muerte, pero no hay ninguna referencia a que tuviera descendencia. Otros historiadores del siglo I como Tácito y Suetonio tampoco aportan información sobre un hijo de Jesús. En último aspecto, la idea de que Jesús y María Magdalena tuvieron un hijo se basa en teorías conspirativas y especulaciones sin fundamento, que algunos autores modernos han intentado validar. Pero como era de esperar, ninguno ha tenido resultados favorables, por ejemplo, veamos una lista de autores modernos que han intentado validar la teoría conspirativa de que Jesús y María Magdalena tuvieron una relación amorosa secreta y que la Iglesia lo ocultó durante siglos:

1. Dan Brown declaró que la Iglesia ha mantenido un secreto sobre el linaje de Jesús y María Magdalena, ocultando su verdadera historia por siglos.[58] Sin embargo, su teoría carece de fuerza histórica y académica, ya que se trata de una novela de ficción, no un texto académico. Así que su narrativa se basa en teorías de conspiración sin evidencia sólida.

---

[57] Epifanio de Salamis. *Panarion*. Translated by Robert Williams: (New York: Oxford University Press, 2003), libro I, sección 7.

[58] Dan Brown. *El Código Da Vinci:* (Nueva York, EEUU: Doubleday, 2003), 244.

2. Margaret Starbird argumentó que la relación entre Jesús y María Magdalena fue de una profunda intimidad, y su unión fue espiritual y carnal.[59] Sin embargo, Starbird utiliza interpretaciones de textos gnósticos y apócrifos que son altamente especulativos y no están aceptados por la mayoría de los eruditos.
3. Elaine Pagels comenta que los evangelios apócrifos sugieren que María Magdalena tenía un papel más significativo en la vida de Jesús de lo que la Iglesia ha admitido.[60] Ésta, aunque menos atrevida que los anteriores, también sugiere que la reacción de María Magdalena con Jesús, iba más allá de una mera relación de Maestro/Discípulo, insinuando alguna intimidad amorosa.
4. Karen L. King advierte que el Evangelio de María sugiere que María Magdalena tenía un conocimiento especial y una relación íntima con Jesús.[61] Sin embargo, King se centra en un texto específico que no menciona una relación sexual. Además, la interpretación de "conocimiento especial" puede referirse a la enseñanza espiritual, no a una conexión romántica. Eso sin contar, que dicho Evangelio no es una fuente segura para extraer alguna interpretación sólida.
5. Philip Pullman, aseguró que la historia de Jesús y María Magdalena ha sido manipulada por la Iglesia para ocultar su verdadero linaje.[62] Sin embargo, hay que aclarar que Pullman es un autor de ficción que utiliza elementos de la historia para construir una narrativa fantástica, no un análisis histórico. Por lo tanto, sus afirmaciones son parte de una narrativa de ficción y no están respaldadas por evidencia histórica.

Las teorías que sugieren una relación amorosa secreta entre Jesús y María Magdalena carecen de fundamento y se basan en interpretaciones especulativas de textos no canónicos. Por lo tanto, es mejor abordar estas teorías con un enfoque crítico, reconociendo que muchas de ellas son más el producto de la imaginación y la especulación que de una base histórica sólida.

---

[59] Margaret Starbird. *La Diosa en la Historia*: (Nueva York, EEUU: HarperOne, 2004), 105.

[60] Elaine Pagels. *Los Evangelios Gnósticos:* (Nueva York, EEUU: Vintage Books, 1989), 78.

[61] Karen L. King. *El Evangelio de María:* (Cambridge, Massachusetts: Harvard University Press, 2003), 14.

[62] Philip Pullman. *La brújula dorada:* (Londres, Reino Unido: Scholastic, 1995), 306

EL SANTO GRIAL: Desmantelando el Sacrilegio Estético y la Gnosis Ficticia de Da Vinci

En el capítulo anterior, exploramos los osarios hallados en la tumba de Talpiot, entre los cuales se encuentra uno que se atribuye a María Magdalena. Tanto James Cameron como Dan Brown han sugerido la existencia de una relación amorosa entre Jesús y esta devota seguidora, insinuando que de dicha unión nació un hijo. Dan Brown, en su novela "*El Código Da Vinci*", aborda un tema fundamental en nuestras culturas, entrelazando misterio, historia, conspiración y personajes románticos, lo que ha llevado a su obra a convertirse en un fenómeno de ficción popular. Sin embargo, al igual que Cameron, a pesar de su afirmación de haber investigado el tema a fondo, ambos caen en errores significativos. El teólogo y crítico Bock se pronunció sobre la obra de Dan Brown durante una conferencia en el Museo de Arte de Georgia, en la Universidad de Georgia, en enero de 2004, donde tres historiadores del arte afirmaron que la narrativa presentada por Brown es, en esencia, incorrecta. Este análisis crítico resalta la necesidad de un enfoque más riguroso y fundamentado al abordar temas de tal relevancia histórica y teológica.[63]

Breve Historia de la Obra

La obra "*La Última Cena*", (en italiano, *Il cenacolo*) , de Leonardo da Vinci es una de las pinturas más emblemáticas y reconocidas en la historia del arte. Leonardo da Vinci, conocido por su genialidad y su enfoque innovador, optó por una técnica poco convencional para la época. En lugar de utilizar el tradicional *buon fresco*, que implica pintar sobre yeso húmedo, *tempera y óleo*

---

[63] Bock, D. L. *Un vistazo. Kairós 37: Julio-Diciembre 2005*: (Guatemala: Revista del Seminario Teológico Centroamericano.2005), 118

sobre una preparación de yeso. Esta elección le permitió trabajar con mayor detalle y tomarse su tiempo, aunque también hizo que la obra fuera más susceptible al deterioro.

La pintura mide aproximadamente 4.60 metros de altura por 8.80 metros de ancho, lo que la convierte en una de las obras murales más grandes del Renacimiento. Fue elaborada para su patrón, el duque Ludovico Sforza de Milán, 1495 y 1498, se encuentra en el refectorio del convento de Santa Maria delle Grazie en Milán, Italia, y fue encargada por Ludovico Sforza, duque de Milán.

La escena representada captura el momento crucial en el que Jesús anuncia que uno de sus apóstoles lo traicionará, un instante que provoca diversas reacciones entre los discípulos. Pero la elección de momento es significativa, ya que Da Vinci se aleja de representaciones más comunes, como la Institución de la Eucaristía, para centrarse en la humanidad de las emociones de los apóstoles. Por eso, la obra es célebre no solo por su temática, sino también por las innovaciones técnicas que Da Vinci implementó. Además, utilizó la perspectiva lineal para crear una ilusión de profundidad, dirigiendo la atención del espectador hacia el centro de la composición, donde se encuentra Jesús. Además, su uso del claroscuro y el *sfumato* contribuyen a la atmósfera dramática de la escena, haciendo que las figuras parezcan más vivas y expresivas.

A lo largo de los siglos, ha enfrentado numerosos desafíos. Durante la Revolución Francesa, las tropas napoleónicas utilizaron el refectorio como campo de tiro, y en la Segunda Guerra Mundial, la pintura sufrió daños significativos debido a bombardeos, aunque fue protegida con sacos de arena en un intento de preservar su integridad. Desde entonces, ha sido objeto de múltiples restauraciones, que han intentado recuperar su esplendor original, aunque se estima que muy pocas de las pinceladas originales de Da Vinci permanecen. No obstante, esta obra, ha dejado una huella indeleble en la cultura popular y ha inspirado a numerosos artistas a lo largo de la historia. Su representación ha sido reinterpretada en diversas formas, desde copias hasta parodias, y ha generado un sinfín de teorías y especulaciones, especialmente en torno a la figura que se cree que es Juan, a menudo considerada por algunos como María Magdalena. Quizás la pretensión de Leonardo era mostrar al discípulo amado como afeminado, por esta acción de recostarse cerca del pecho de Jesús. Sin embargo, este texto no afirma tal pretensión, la verdad es que existía gran afinidad entre ellos dos porque eran primos:

> Era uno de los hijos de Zebedeo, un pescador de Galilea, y de Salomé, quien probablemente era hermana de María, la madre de Jesús. Creció en Galilea y era socio de su hermano, de Andrés y de Pedro en el negocio de la pesca. Él y Andrés fueron discípulos de Juan el Bautista (Juan 1:35-40). Acompañó a Jesús en su primera gira por Galilea, y más tarde él y algunos de sus socios dejaron la empresa pesquera y se hicieron discípulos de Cristo. Juan estuvo con Jesús en las bodas en Caná de Galilea (Juan 2:1-11) y también estuvo presente en Jerusalén en la etapa inicial del ministerio de Jesús en Judea.[64]

En estudios biográficos acerca de cada uno de los discípulos se ha logrado demostrar que este discípulo era el más joven de todos, y se trataba de Juan. Éste discípulo atrajo la atención de Jesús, por su sinceridad y fe, quien a su vez había creído con todo el corazón que Jesús era el Mesías. Fue Juan a

---

[64] McBirnie, William Steuart. *En Busca De Los Doce Apóstoles:* (Carol Stream, IL: Tyndale House Publishers, 2009), 85

quien Jesús le entregó la custodia de su madre (Juan 19:26) y por ello fue conocido como el *discípulo amado,* no porque hubiera una distinción por parte de Jesús hacia este con los demás discípulos, sino porque producto a su juventud era el único que no vivía prejuicios, ni maldad, sino que aceptaba las enseñanzas de Jesús como su verdadero alimento, llegó a amar a Jesús y a la madre de Jesús como su verdadera familia.

Análisis de la Pintura

La obra maestra de Leonardo da Vinci, "La Última Cena", ha cautivado a la audiencia durante siglos con su innovadora composición, expresividad emocional y simbolismo profundo. Uno de los aspectos más notables de "La Última Cena" es la forma en que Da Vinci capta la humanidad y las emociones de los personajes. Lejos de representaciones más tradicionales, el artista se centra en las diversas reacciones de los apóstoles ante el anuncio de Jesús, desde la sorpresa hasta la ira y la duda. La figura de Cristo, en contraste, se mantiene serena y tranquila, convirtiéndose en el centro de atención. Pero desde una perspectiva teológica, la obra de Da Vinci plantea interrogantes interesantes. (Ver Ejemplo No. 1)

La representación de Jesús con un aspecto más andrógino y la presencia de un discípulo con rasgos femeninos han alimentado teorías de que la pintura encierra un código oculto que apunta a un matrimonio secreto entre el líder del cristianismo y una de sus más fieles seguidoras. Se cree que el maestro renacentista, ha plasmado en su obra maestra una serie de detalles que trascienden lo meramente estético, adentrándose en el terreno de la simbología y la teología cristiana:

1. En primer lugar, llama la atención la presencia de un discípulo con una daga[65], que muy probablemente representa a Judas, el traidor. Esta inclusión no es casual, sino que refleja la habilidad de Da Vinci para capturar momentos clave de la narrativa bíblica y plasmarlos en su lienzo. Al destacar la figura de Judas, el artista subraya la importancia del acto de traición y su impacto en la vida de Jesús y sus seguidores.
2. Otro detalle que ha generado controversia es la presencia de un discípulo con rasgos femeninos y una apariencia afeminada. Algunos han especulado que esta figura podría ser una representación de María Magdalena, una teoría que ha sido ampliamente difundida por obras como "El Código Da Vinci" de Dan Brown. Otra teoría es que Da Vinci se estaba reflejando a sí mismo, pues en sus escritos, Leonardo expresó aversión hacia la procreación y la sexualidad, lo que ha llevado a algunos a especular que su homosexualidad podría haber sido platónica o incluso asexual.[66] No obstante, ambas consideraciones carecen de fundamento histórico y artístico sólido.
3. Quizás el detalle más intrigante y simbólico de "La Última Cena" sea el espacio entre el discípulo afeminado y Jesús, que forma una especie de triángulo invertido o rombo. Langdon, quien era el experto en simbología religiosa explica que lo que significa la pintura. La primera haciendo

---

[65] Es un arma blanca la cual tiene como característica ser más larga que un puñal y más corta que una espada.

[66] Tenía como nombre Leonardo di Ser Piero da Vinci, nacido el 15 de abril de 1452, en la aldea de Anchiano, cerca de la ciudad de Vinci, Italia. Para otros nació en la misma ciudad de Vinci, de ahí el apellido. Este comenzó a recibir clase de pintura a los 14 años, por el Maestro pintor Andrea de Verrocchio, en un taller del Quatrrocentro. A demás de la pintura éste era diestro en la Arquitectura, escultura, biología, en la música, y también era inventor. En el año 1464 es mencionado públicamente por sus habilidades, pero en el 8 de Abril del 1476 es acusado por sodomía. Por esta acusación es detenido hasta el 7 de junio del mismo año, que fue absuelto junto con otros tres acusados por la misma causa. Entre sus obras más reconocidas estaban: El Bautismo de Jesús, El retrato de Mujer, la otra anunciación, La adoración de los magos, al Virgen de las Rocas, La mona lisa, la última cena del año 1494, entre otras.

referencia a la relación íntima de Jesús con María Magdalena, o la otra quizás representando al Santo Grial. [67]

Obviamente, estas teorías carecen de fundamento histórico y artístico sólido, de ahí que muchos expertos coinciden en que "El Código Da Vinci" está plagado de errores y mediante una serie de interpretaciones provocativas sobre la famosa pintura de Leonardo da Vinci. Según el novelista, el secreto radica en realizar ciertos cambios en la percepción de la obra. En su narrativa, sugiere mover los personajes de ambos lados de, haciendo coincidir que la figura situada a la derecha de Jesús, quede recostada a Cristo. De esta manera insinuaría una relación más compleja entre los personajes. (Ver Pintura No. 2)

Con ese sencillo cambio, se puede notar cómo esta figura parece estar recostada sobre el hombro de Jesús, lo que añade un matiz de intimidad a la escena. A partir de estas observaciones, Brown desarrolla varias teorías que desafían las narrativas tradicionales sobre la figura de Jesús y su relación con María Magdalena:

a. Brown propone que Jesús contrajo matrimonio con María Magdalena, sugiriendo una conexión personal y espiritual que trasciende la mera amistad.

[67] Dan Brown. *The Da Vinci Code. Ed,* Traducido por Juanjo Estrella: (Capellades, Barcelona, España; Ediciones Urano. 2003), 214-216

b. El autor presenta a Jesús no solo como una figura divina, sino como un hombre mortal con habilidades excepcionales, lo que invita a una re-evaluación de su papel en la historia.
c. En su interpretación, María Magdalena es retratada como el apóstol de mayor rango, sugiriendo que ocupó un lugar fundamental en la comunidad de seguidores de Jesús, incluso reemplazando a uno de los apóstoles.
d. Brown insinúa que el Santo Grial no es solo un objeto sagrado, sino que representa la descendencia de Jesús a través de su unión con María Magdalena, planteando la posibilidad de que tuvieran un hijo.
e. La obra de Da Vinci muestra a los discípulos con cabello largo, lo que Brown utiliza para reforzar su argumento sobre la conexión espiritual y cultural entre estos personajes y las tradiciones de la época.

A través de estas teorías, Dan Brown no solo busca entretener, sino también invitar a la reflexión sobre las creencias arraigadas en la fe cristiana y la historia. No obstante, la obra de Brown es más especulativa que concreta. Las interpretaciones de Da Vinci sobre la figura de Jesús y sus discípulos se basan más en su estudio de la anatomía y la expresión emocional que en un mensaje oculto. Pero a pesar de las controversias, "La Última Cena" sigue siendo una obra maestra del Renacimiento, notable por su innovación técnica, su composición equilibrada y su profundidad psicológica.

Refutación del Código DaVinci

Como se ha dicho, esta novela "El Código Da Vinci" de Dan Brown, ha generado gran controversia al presentar especulaciones y tergiversaciones sobre aspectos centrales del cristianismo y la historia de la Iglesia Católica. Sin embargo, muchas de las afirmaciones del libro carecen de fundamento histórico y teológico. Brown alega que el Emperador Constantino seleccionó los evangelios que conformarían el Nuevo Testamento en el Concilio de Nicea en el año 325 d.C., suprimiendo otros relatos que presentaban a Jesús como un maestro mortal. Esta es una completa distorsión de los hechos.[68] Sin embargo, los cuatro evangelios canónicos (Mateo, Marcos, Lucas y Juan) fueron aceptados casi universalmente por la Iglesia primitiva debido a su autoría

[68] Brown, Dan. *El Código Da Vinci*: (Barcelona. España: Editorial Planeta, 2004), 366

apostólica y su fidelidad a la tradición recibida de los apóstoles. Además, el Nuevo Testamento, tal como lo conocemos hoy, se fue formando gradualmente a lo largo del siglo II, basado en los escritos apostólicos y las cartas de los discípulos de Jesús.

Retornando a la historia de la Iglesia, es fundamental entender que la Biblia es considerada un producto divino, redactado a través de hombres elegidos por Dios para plasmar los dichos de su boca en sus lenguas nativas. Se dice que James Ussher dató el Pentateuco entre 1491 a.C. y 1451 a.C. pero esta información no es precisa. Si bien Ussher fue un reconocido cronista bíblico y fechó el Éxodo en 1491 a.C., él no se enfocó en establecer una fecha de composición para el Pentateuco como un todo. Pues, él creía que el Pentateuco fue compilado por Moisés a partir de fuentes preexistentes, incluyendo la propia autoría de Moisés en algunos pasajes. Su análisis se centró en la interpretación teológica del Pentateuco** más que en determinar su fecha exacta de origen.[69] Sin embargo, una cronología más precisa sugiere que el Éxodo ocurrió en 1446 a.C., basada en evidencias más robustas que las que Ussher tenía a su disposición.

Los últimos libros de la Biblia fueron escritos por el apóstol Juan, entre 95 y 100 d.C., lo que establece un período de aproximadamente 1,500 años durante el cual se redactaron las páginas de la Escritura. La mayoría de los autores bíblicos no se conocieron personalmente y vivieron en contextos históricos diferentes, sin embargo, no se han encontrado evidencias de contradicciones en sus escritos. Existe una cohesión sorprendente entre las diversas partes de la Biblia. Con el tiempo, la Biblia enfrentó una etapa crucial conocida como el *Canon de las Escrituras*, debido a la aparición de varios autores y sus obras, que comenzaron a ganar reconocimiento entre los judíos. Esto llevó a la necesidad de establecer un criterio de aceptación, donde ciertos libros no fueron considerados legítimos, siendo clasificados como apócrifos o deuterocanónicos, es decir, aquellos "que no son aceptados por el grupo como canónicos". Estos libros fueron rechazados junto con sus autores, pues las doctrinas que presentaban no se alineaban con las enseñanzas de los profetas. Por ejemplo:

---

[69] James Usserius. *Annales Veteris Testamenti*: (London: Thomas Payne, 1654), s.p

1. Tobías: Este libro enfatiza la oración a los muertos y se cree que apareció en el siglo II a.C.
2. Judit: Su narración contiene errores históricos y geográficos, que podrían haber sido introducidos intencionadamente por el autor para centrar la atención en el drama religioso. Se estima que fue escrito en hebreo alrededor del 100 a.C. Además, en este texto se sugiere que los espíritus de los muertos vagan y que se les puede rendir culto, lo que ha influido en la doctrina católica sobre las misas por los muertos.
3. El Evangelio de Tomás: Presenta un fragmento que dice: *"Shimon Kefa [Simón Pedro] les dice: Que Mariam [María] salga de entre nosotros, pues las hembras no son dignas de la vida. Jesús dice: He aquí, le inspiraré a ella para que se convierta en varón, para que ella misma se haga un espíritu viviente semejante a vosotros varones"* (Tomás 114). Pero como puede notarse, dicho pasaje plantea serias contradicciones:
   a. La afirmación de que Pedro declare que las mujeres no son dignas de la vida es claramente anti-bíblica y no concuerda con las costumbres judías ni con la personalidad de Pedro. Jesús enseñó que las mujeres también podían ser salvas. Por ejemplo, le dijo a una mujer pecadora que su fe la había salvado (Lucas 7:50). En los Hechos de los Apóstoles, mientras Pedro guiaba a los primeros creyentes, las mujeres perseveraban unánimes con los hombres (Hechos 1:14; 5:14), lo que demuestra que no las rechazaba. El bautismo, mandado por Jesús como un acto de arrepentimiento, también fue recibido por mujeres (Hechos 8:12). Pablo, en su carta a Timoteo, menciona que las mujeres se salvarán engendrando hijos, si permanecen en fe, amor y santificación (1 Timoteo 2:15).
   b. La insinuación de que Jesús inspiraría a María Magdalena a convertirse en varón es blasfema del todo. En su ministerio, Jesús trató a hombres como hombres (Mateo 8:26) y a mujeres como mujeres (Juan 4:21), enseñando que cada cual posee su identidad sexual como un regalo divino.
4. Evangelio de María Magdalena: En el fragmento copto, que es el más extenso, faltan varias páginas (concretamente 1-6 y 11-14). Se trata de un diálogo entre Jesús (mencionado como "el Salvador") y sus discípulos.

Tras la marcha de Jesús, los apóstoles se encuentran desorientados: *"Ellos, sin embargo, estaban entristecidos y lloraban amargamente diciendo: ¿Cómo iremos hacia los gentiles y predicaremos el evangelio del reino del hijo del hombre? Si no han tenido con él ninguna consideración, ¿cómo la tendrán con nosotros? Entonces Mariam se levantó, los saludó a todos y dijo a sus hermanos: No lloréis y no os entristezcáis; no vaciléis más, pues su gracia descenderá sobre todos vosotros y os protegerá. Antes bien, alabemos su grandeza, pues nos ha preparado y nos ha hecho hombres. Dicho esto, Mariam convirtió sus corazones al bien y comenzaron a comentar las palabras del Salvador."*[70] Como puede notarse, el fragmento plantea algunas ideas que merecen un análisis teológico cuidadoso. Cuando María dice "*nos ha hecho hombres*", parece estar afirmando que ella también es "*hombre*" al igual que los apóstoles. Sin embargo, esto entra en conflicto con las enseñanzas bíblicas que rechazan la homosexualidad y el afeminamiento tanto en hombres como en mujeres (Romanos 1:26-27; 1 Corintios 6:9). Según las costumbres judías y las enseñanzas de Jesús, si María Magdalena se percibía a sí misma como hombre, no sería contada entre los creyentes fieles convertidos.

5. El Evangelio de Felipe: Este evangelio apócrifo dice lo siguiente: *"La Sofía a quien llaman «la estéril» es la madre de los ángeles; la compañera [de Cristo es maría] Magdalena. [El Señor amaba a María] más que a [todos] los discípulos (y) la besó en la [bocas repetidas] veces. Los demás [...] le dijeron: «¿Por qué [la quieres] más que a todos nosotros?» El Salvador respondió y les dijo: ¿A qué se debe el que no os quiera a vosotros tanto como a ella?"*[71] El Evangelio de Felipe, un texto apócrifo de origen gnóstico, este fragmento en particular, aparte de no alinearse con la doctrina bíblica tradicional. La referencia a que *Jesús besó a María en la boca,* aunque intrigante, se encuentra incompleta en el texto, ya que la otra parte del rollo está dañada. Lo que sugiere una mala intención de los traductores, quienes pudieron haber añadido o modificado el contenido para ajustarlo a sus propias visiones teológicas. En el gnosticismo, el concepto de **"Sizigia"** es fundamental para comprender cómo se concebía la transmisión de la gnosis. El

[70] Evangelio de María Magdalena 17:10–18:21

[71] Evangelio de Felipe 63:33–36

término proviene del griego *syzygia*, que significa "pareja" o "unión". En la cosmología gnóstica, los eones —entidades espirituales emanadas del pléroma divino— aparecen en pares masculino-femenino. En este marco, el famoso "beso" mencionado en el *Evangelio de Felipe* no debe interpretarse como un gesto erótico. El texto gnóstico describe el beso como un acto iniciático, una **transferencia de conocimiento espiritual**. En la mentalidad gnóstica, el aliento y la palabra eran vehículos de la gnosis; el beso simbolizaba la comunicación íntima de la verdad oculta, un modo de compartir la chispa divina que liberaba al iniciado de la ignorancia. Así, lo que parece un gesto físico es en realidad un signo sacramental de iluminación.

Ahora bien, los llamados *Evangelio de Felipe* y *Evangelio de Tomás* son textos que, aunque han despertado gran interés en la modernidad, deben ser comprendidos en su contexto histórico como documentos tardíos y de carácter mitológico, más vinculados al pensamiento gnóstico que a la tradición apostólica. Fueron redactados entre 80 y 200 años después del ministerio de Jesús, muy lejos de la generación de los testigos oculares. Son mitológicos porque reinterpretan la figura de Cristo en clave simbólica y esotérica, desligándola de la historia concreta. Padres de la Iglesia como Ireneo y Tertuliano los refutaron precisamente por su carácter herético y por contradecir la fe apostólica. Es por eso que algunos Concilios fuesen convocados para determinar el canon bíblico, como por ejemplo:

1. El Concilio de Laodicea (363 d.C.), que abordó la canonicidad del Nuevo Testamento, declarando que solo los 27 libros del Nuevo Testamento debían ser leídos en las iglesias, junto con el Antiguo Testamento y algunos textos apócrifos
2. El Concilio de Hipona (393 d.C.), que reafirmó la lista de libros del Nuevo Testamento y también incluyó los libros deuterocanónicos del Antiguo Testamento en el canon
3. El Sínodos de Cartago (397 y 419 d.C.), que confirmó el canon establecido en Hipona, ratificando la inclusión de los libros del Antiguo y Nuevo Testamento que son aceptados por la Iglesia Católica hoy en día
4. El Concilio de Trento (1545-1563). En cambio, el Concilio de Nicea, convocado por el Emperador Constantino en el año 325, no tuvo como

objetivo determinar el canon bíblico, sino resolver la controversia arriana sobre la divinidad de Cristo. Esto desmiente las concepciones de Dan Brown.

La Iglesia, guiada por el Espíritu Santo, discernió cuáles escritos eran auténticos testimonios de las fes apostólicas y cuáles no. Si bien la Biblia fue escrita por hombres, su verdadero autor es Dios mismo. Como afirma el Concilio Vaticano II: "*Dios, inspirador y autor de los libros de ambos Testamentos, dispuso sabiamente que el Nuevo Testamento estuviera oculto en el Antiguo y el Antiguo encontrara su manifestación en el Nuevo.*"[72] Los hagiógrafos, movidos por el Espíritu Santo, escribieron fielmente lo que Dios quería revelar, sin que su condición humana fuera un obstáculo para la inspiración divina. Por eso, la Biblia es la Palabra de Dios en lenguaje humano, un testimonio infalible de la verdad salvífica. Ryrie comenta que:

> La Biblia se autentica a sí misma, puesto que sus libros fueron aspirados por Dios (2 Timoteo 3:16). En otras palabras, los libros eran canónicos en el momento que fueron escritos. No fue necesario esperar hasta que los varios concilios pudiesen p examinar los libros para determinar si eran aceptables o no. Las personas y los concilios solamente reconocieron y declararon lo que es verdadero por la inspiración intrínseca de los libros tal como fueron escritos.[73]

Claro está que la Biblia es la Palabra de Dios. En (2 Tim 3:16) dice que *"Toda la escritura es inspirada por Dios"*. Según de Andrade, la palabra griega *Theopneustos* fue la que se usó para referirse a "Inspirada". Esta obra que hizo Dios en la inspiración de su palabra se refiere a la: *"Acción sobrenatural del Espíritu Santo sobre los escritores sagrados, dándoles capacidad plena para recibir, escribir y transmitir el mensaje divino sin defectos ni errores. La inspiración de la Biblia es dinámica, verbal y completa."*[74] Aquí inspirada no significa soplada a alguien. J Oliver cita a Warfield, que dice que *"la palabra tal como la usamos [inspirada] es engañosa. Parece enseñar que Dios había soplado dentro de las*

---

72 Concilio Vaticano II. *Decreto sobre la divina Revelación,* Dei Verbum, nº 16 (1965)

73 Charles Ryrie. *Teología básica.* Miami: Editorial Unilit.2003), 119-119

74 de Andrade, C. C. *Diccionario Teológico: Con un Suplemento Biográfico de los Grandes Teólogos y Pensadores*: (Miami, FL: Patmos.2002), 69

Escrituras, no siendo esto el significado de la palabra original."[75] Unido a este comentario podemos citar a Douglas, quien coincide con Buswell en cuanto a que aquí "inspiración" significa:

> ...exhalada por Dios, o sea divinamente "*ex*pirada" y no *in*spirada. La idea no es la de que Dios exhala a través de las Escrituras, o que las Escrituras estén exhalando a Dios, sino la de que Dios ha exhalado las Escrituras. Las palabras de Pablo significan que la Escritura es producto divino, que debe considerarse y estimarse como tal, y no que ella sea inspiradora. [76]

La teoría de la relación matrimonial oculta entre Jesús y María Magdalena, analizada críticamente.

Esta suposición, que ha cobrado fuerza especialmente entre algunos sectores ateos, que ignoran las matizaciones realizadas por académicos como Matheson, quien, lejos de afirmar categóricamente que Jesús y María Magdalena fueron marido y mujer, se limitó a señalar que *"cabe la posibilidad"*. Cristo, como ser humano, tenía la capacidad de elegir una esposa sin que ello implicara un pecado. Sin embargo, su decisión de permanecer soltero parece estar ligada a su misión divina. La pregunta que surge es: ¿qué sentido tendría ocultar una relación con María Magdalena si no había prohibiciones que lo impidieran? Los relatos de los apóstoles, quienes compartieron su ministerio, presentan a Jesús como un ser santo y perfecto, caracterizado por su amor y misericordia, y no como un individuo corrupto o engañador (Hebreos 7:26; 9:14; 1 Pedro 1:19).

Por otro lado, en la narrativa bíblica, María Magdalena se destaca como una de las seguidoras más cercanas de Jesús. A menudo es referida entre las mujeres que apoyaron a Jesús y sus discípulos, lo que sugiere su importancia en el contexto del ministerio de Cristo (Mateo 27:56; Marcos 15:40). Tradicionalmente se ha confundido a María Magdalena con otras figuras femeninas de los evangelios, como la mujer pecadora que unge los pies de Jesús en Lucas 7:36-50, y que es perdonada por sus pecados. También en Lucas

---

[75] Buswell, J. O. *Teología sistemática, tomo 1, Dios y Su revelación: Buswell, J. Oliver: (*Miami, Florida, EE. UU. de A.: LOGOI, Inc.1979), 176

[76] Douglas, J. D.*Nuevo Diccionario Bíblico Certeza*: (Barcelona, Buenos Aires, La Paz, Quito: Ediciones Certeza.2000), s.p

8:2, se menciona que Jesús expulsó siete demonios de María Magdalena, lo que se ha interpretado como evidencia de que ella provenía de una vida de pecado, como la prostitución.[77] Sin embargo, este argumento es más inferencial que explícito, ya que, en los evangelios canónicos, no hay ninguna referencia explícita que indique que María Magdalena fuera una prostituta, más bien algunos prefieren identificarla como una mujer distinta de la mujer pecadora y de María de Betania. Ahora bien, por qué toda esta aclaración, porque los evangelios apócrifos, aunque no son considerados canónicos, ofrecen vislumbres de la relación entre Jesús y María Magdalena.

1. Evangelio de Felipe: En este texto se menciona que María Magdalena era "*la compañera*" de Jesús. Lo que se ha sido interpretado por algunos como una indicación de un vínculo marital. "*Tres eran las que caminaban continuamente con el Señor: su madre María, la hermana de ésta, y Magdalena, a quien se la designa como su compañera.*"[78]
2. Evangelio de María: Sugiere que Jesús tenía un amor especial por María Magdalena. En un pasaje, Pedro dice: "*Mariam, hermana nuestra, sabemos que el Salvador te amaba más que a las demás mujeres.*"[79]

Algunos autores modernos, como Lluis Busquets I Grabulosa, argumentan que María Magdalena era una mujer con posibles, bienes o riquezas... y se convirtió en discípula de Jesús y en uno de los testigos más próximos a la experiencia de la resurrección.[80] Una de las objeciones más comunes es que la Iglesia habría ocultado este incidente porque mostraban a un Jesús *"más humano"*, cercano a María Magdalena mediante gestos eróticos. Sin embargo, la realidad es exactamente la contraria: los evangelios gnósticos presentan a un Jesús menos humano, un ser espiritual que niega la carne y cuya figura se convierte en símbolo mítico, no en persona histórica. La narrativa moderna de Dan Brown sugiere que la Iglesia ocultó un Jesús 'humano' para divinizarlo,

---

77 ECOCATÓLICO. *Era María Magdalena una prostituta:* https://ecocatolico.org/puntos-de-vista/criterios/item/1092-era-maria-magdalena-una-prostituta: (Consultado el 10 de julio del 2024)

78 *Evangelio de Felipe*: (Edición de la Biblioteca Nag Hammadi. 1977), Fragmento n.º 32

79 Evangelio de María 10: 1-5

80 Lluis Busquets I Grabulosa. *El papel de María Magdalena en el cristianismo primitivo*: (Revista 'Revista de Estudios Bíblicos, 2015), s.p

pero la verdad histórica es diametralmente opuesta: fueron los gnósticos quienes intentaron negar la humanidad física de Cristo.

Sus escritos —como el Evangelio de Felipe o el de Tomás— presentan a un Jesús desencarnado, una entidad espectral que no sangra, no sufre y no deja huellas, reduciendo la salvación a una iluminación intelectual subjetiva. La Iglesia primitiva no defendió un dogma abstracto, sino la realidad tangible de la Encarnación: un Dios que se hizo carne, que sudó en Getsemaní y cuya muerte fue un evento físico, no una alegoría mítica. El gnosticismo era una fuga de la realidad, un intento de espiritualizar el pecado para evitar el arrepentimiento; por el contrario, los evangelios canónicos sostienen que solo un Salvador con un cuerpo real podría realizar un sacrificio real. Por tanto, la exégesis de la belleza en el Cenáculo debe rescatar la materialidad de la redención, recordándonos que el Mesías no es un enigma gnóstico, sino el Verbo hecho carne que habitó entre nosotros en una dimensión histórica y biológica verificable.

Sin embargo, haciendo un análisis de cada argumento expuesto se puede argumentar que ni en los textos canónicos, ni en los apócrifos, hay evidencias que prueben que María Magdalena era la mujer de Jesús. Por otro lado, aunque en el Evangelio de Felipe se menciona a María como "compañera", este término no necesariamente implica un matrimonio. Según Valdés, la afirmación de que María Magdalena era la 'compañera' de Jesús significa sólo que era su socia, su colaboradora, pero no su esposa.[81] Para Darrell L. Bock, la idea de que Jesús estaba casado con María Magdalena era completamente absurda:

> ...ni siquiera un solo texto describe a Jesús como casado, y la mayoría supone que no lo fue, ya que esa era una base citada por algunos para sostener que los sacerdotes cristianos deberían ser solteros. En 1 Corintios 9:4–6 Pablo alega que las iglesias debían sostener no solo a los apóstoles, sino también a sus esposas. Si Jesús hubiera sido casado, Pablo habría culminado y amarrado su argumento afirmando ese hecho.

---

[81] Ariel Álvarez Valdés. *¿Estuvo casado Jesús?*: (España; Editorial Razon y Fe, 2008), 305-306

Sin embargo, no lo hizo. Todo esto lleva a la conclusión de que Jesús era soltero.[82]

Concepción de Jesús meramente mortal, en el cual había ciertos poderes.

La concepción de Jesús como un mero mortal con ciertos poderes es una de las clásicas aseveraciones de la novela de Dan Brown. Sin embargo, es importante señalar que muchos de estos textos, lejos de presentar a un Jesús meramente humano, lo retratan con características divinas que superan incluso las descripciones de los evangelios canónicos. Según Darell, algunos escritos apócrifos describen a Jesús riendo desde el cielo mientras sus verdugos creen que lo están crucificando, o caminando sobre la playa sin dejar huellas. Esta caracterización de los evangelios mencionados por Brown puede resultar engañosa. [83] Además, señala que Brown ignora un hecho crucial: *"la aceptación de la divinidad de Jesús es fundamental en los documentos cristianos más antiguos."* [84]

Esta creencia se encuentra en los escritos de Pablo (1 Corintios 8:5-6; Filipenses 2:9-11), en el libro de Hebreos (Hebreos 1:3), en el Apocalipsis (Apocalipsis 1:1-7 y capítulos 4-5), y en el Evangelio de Juan (Juan 1:1-18). Incluso en el testimonio de Jesús durante su interrogatorio, se afirma su divinidad (Marcos 14:62-65 y paralelos). Todos estos pasajes se sugieren que Jesús está a la par con el Padre, ocupando una posición de igualdad con Él y recibiendo la misma adoración. Además, el testimonio de Plinio el Joven, un gobernador romano que escribió al emperador Trajano alrededor del 115 d.C., menciona que los cristianos cantaban himnos a Jesús como a un dios, lo que corrobora el testimonio de los textos cristianos más antiguos. Otras evidencias bíblicas que afirman la divinidad de Jesús incluyen pasajes como Juan 14:6 y Filipenses 2:6, donde se le llama Dios (Juan 1:1; 20:28; Tito 3:13), y se afirma que todas las cosas fueron creadas por Él (Juan 1:2; Colosenses 1:16). Estas afirmaciones plantean la pregunta: ¿puede decirse algo similar de un simple hombre?

---

[82] Darrell L. Bock, "*Un Vistazo A* " *in Kairós 37: Julio-Diciembre 2005, ed. Gary Williams* (Guatemala: Revista del Seminario Teológico Centroamericano, 2005), 114.

[83] Darrell L. Bock, "*Un Vistazo A* " *In* , *in* Kairós 37: Julio-Diciembre 2005, ed. Gary Williams (Guatemala: Revista del Seminario Teológico Centroamericano, 2005), 225

[84] Íbid, pág. 117

Postulado de que María Magdalena fue la Apóstol de más alto rango, y sustituyó a uno de los apóstoles.

La afirmación de que María Magdalena fue la apóstol de más alto rango y que sustituyó a uno de los apóstoles carece de fundamento en la Biblia. Aunque fue una de las servidoras más fieles de Jesús, no se le identifica como apóstol en el mismo sentido que a Pedro y a los demás discípulos. El término griego "*apostolos*", que significa "enviado" o "persona enviada al frente", sin embargo. En la revista Kairos, en su edición de julio-diciembre de 2005, se menciona que la idea de María Magdalena como "apóstol de los apóstoles" se basa en una interpretación errónea de un texto de Hipólito, un padre de la Iglesia del siglo II. Pero un análisis más riguroso de lo que Hipólito escribió revela que no se refiere a un rango especial otorgado a María Magdalena, sino que menciona a todas las mujeres que vieron a Jesús resucitado y comunicaron esta noticia a los apóstoles.

En este sentido, todas ellas pueden ser consideradas mensajeras, pero no en el contexto de un puesto eclesiástico formal. Los estudios sobre teología ministerial indican que, en el siglo I, las mujeres no eran seleccionadas para el ministerio apostólico. En el contexto de la nación de Israel, las mujeres eran privadas de ciertos privilegios que gozaban los hombres, y existía una clara distinción entre los roles de género. Aunque se reconoce la importancia del ministerio femenino, es esencial aclarar que el apostolado no era un rol permitido para las mujeres en esa época.

Hipótesis del Santo Grial

La novela también se hace referencia al Santo Grial, a lo que, según su autor, se trataba de una leyenda sobre la sangre real. Se lleve los siguiente: *"Jesús no sólo estaba casado, sino que era padre. Y, querida mía, María Magdalena era el Santo Receptáculo…Pero ¿cómo se puede mantener oculto tantos años un secreto tan importante?"* [85] Brown declara que: *"Cuando se dice que el Grial es «el cáliz que contenía la sangre de Cristo... se está hablando, en realidad, de María Magdalena, del vientre femenino que perpetuaba la sangre real de Cristo.*[86] Según dicho comentario,

---

[85] Dan Brown. *The Da Vinci Code. Ed,* Traducido por Juanjo Estrella: (Capellades, Barcelona, España; Ediciones Urano. 2003), 225

[86] Íbid

el *Santo Grial* no es más que la descendencia de Jesús como sangre real. Es por esto que el matrimonio de Jesús debería ser encubierto por la Iglesia, porque mostraría que en realidad que él no era divino.

1. Una primera hipótesis es que Jesús tuvo un hijo varón, y los que afirman este desacierto se basan en el evangelio de Juan, donde aparece un misterioso joven que aparenta dormir en el regazo de Jesús durante la última cena. Este evento sugiere que tal joven tenía una relación muy cercana con Jesús, por lo que algunos suponen que podía ser su hijo. Pero este supuesto carece de concordancia, por tanto, ¿Si el ministerio de Jesús duró tan poco tiempo, en qué periodo él y María Magdalena procrearon? ¿En el caso de que ellos hubiera tenía algún amorío pasado, cómo es que ella se presenta a Cristo como si él fuese un extraño que podía libertarla del yugo demoniaco? Toda confusión es provocada por la pereza de algunos, en cuanto al estudio minucioso de la Escritura:
   a. Jesús comenzó su ministerio cuando tenía como 30 años de edad (Lc. 3:23) y estuvo ministrando tres años solamente.
   b. María Magdalena es presentada a Jesús dentro de su periodo ministerial (Lc. 8:2), y a ella Cristo libertó de la opresión de siete demonios (Mr. 16:9).
   c. El joven de quien habla Juan (Jn 13:25) es una referencia a sí mismo, fue él también quien dio la noticia a Pedro que Jesús no estaba en sepulcro (Jn 20:2) y todo apunta a que se refería al mismo escritor del Evangelio de Juan (Jn 21:20,24). En el texto griego se observa el vocablo **μαθητῶν** *(matheton),* para referirse al joven. Término usado para aquellos a quienes Cristo escogió como discípulos, entre los cuales estaba Juan. La relación entre Juan y Jesús era bien estrecha, y es probable que tal relación haya sido propicia por que Juan era el discípulo más joven, y era el más unido a Cristo.
2. La segunda hipótesis es que Jesús y María Magdalena tuvieron una hija, la cual llamaron Sara.
   a. Según la tradición francesa, esta pequeña nació en Francia porque según algunas leyendas, las tres marías y Lázaro tuvieron que huir de Jerusalén por causa de la persecución a los cristianos, pero cuando llegaron llevaban consigo una niña llamada Sara, la cual era de piel

oscura, de origen egipcio. Esta Sara al igual que la María y otros personajes del *Nuevo Testamento* es venerada por la Iglesia católica, y es conocida como Santa Sara. Pero ni aún los gitanos coinciden con la idea de que era hija de María Magdalena con Jesús.

   b. Otra tradición, la ortodoxa y recalcado nuevamente por el escritor Gregorio de Tours[87] declaran que María Magdalena se trasladó a Éfeso, junto con María la Madre de Jesús y el apóstol Juan, donde murió. Sobre aquellos tiempos no se cuanta, con literaturas, ni fotografías que nos puedan brindar un panorama de la época.

3. La Tercera hipótesis es la que sostiene la Iglesia Católica Apostólica Romana de que copa o cáliz usado por Jesús, contenía varios poderes. Según la Obra de Robert de Boron *"Joseph d´Arimathie"*, publicada en el siglo XII. Jesús le había ordenado a José de Arimatea que usara esa misma copa para recoger la sangre en la cruz y posteriormente la trasladase a Britania. Pero esta afirmación también carece de argumento bíblico e histórico, siendo otras de las especulaciones de los herejes de la fe cristiana. Analicemos los registros bíblicos al respecto:
   a. José de Arimatea, quien tenía cierto nivel de vida, no tenía una relación estrecha con Jesús. Más bien era un discípulo encubierto (Juan 19:38) y tenía miedo de los fariseos. Sin embargo, fue el que dio cumplimiento a la profecía de que Jesús sería enterrado con los ricos (Isaías 53:9). Él se acercó a Pilato y pidió el cuerpo de Jesús (Mateo 27:57-60).
   b. Jesús era de sangre real ya que pertenecía al linaje de David, siendo por Derecho propio y por mandato de Dios el Rey de los Judíos y Salvador del Mundo.
   c. El pan y el vino fueron usados simbólicamente en la cena, y bajo ningún concepto podía tenerse su significado como literal. El vino era presentado como La sangre de Cristo, que quita el pecado del mundo y el pan era presentado como el cuerpo. Anteriormente en el pueblo de Israel se sacrificada un cordero sin defecto para el perdón de los pecados, y este animal debía ser comido completamente. Una

[87] Jorge Florencio Gregorio Tours. Obispo e historiador. Vivió toda su vida en Galia. Sus literaturas históricas han sido catalogadas como fieles.

vez hecho este ritual el padre de familia y su casa era santificado con un rociamiento de la sangre de ese animal por medio del Sacerdote (Levíticos 7:2; Levíticos 14:7; Números 18:17).

d. Notemos que Jesús estaba celebrando la Fiesta de los Panes sin levadura, (La levadura es la que se encarga de corromper la harina), por lo panes sin levadura significaba pureza, sin mancha, sin corrupción. También era necesario comerse un cordero sin mancha (Éxodo 23:15; Éxodo 29:32; Éxodo 29:33; Éxodo 34:18). Cristo en esta última cena estaba dando por terminada esta costumbre judía (Hebreos 9:13-14). Y el comer su cuerpo y beber su sangre más bien lo que significa es aceptación a él como Dios y a su doctrina. Cuando una persona acepta la fe en Dios y acepta a Jesús como su único Salvador Personal, simbólicamente se ha hecho participe de su cuerpo y su Sangre.

La pretensión del autor del Código de Da Vinci y los demás escritores y estudiosos sobre este polémico asunto, en sus literaturas[88], en vez de revelar una aparente verdad que ha estado oculta por siglos, lo único que ha hecho es hacer más confiable a la Biblia, a la cual muchos llaman Libro Mentiroso y por ende no confían en ella. Este acontecimiento no nos toma de sorpresa porque ya había sido profetizado (Timoteo 4:1) *"Pero el Espíritu dice claramente que en los postreros tiempos algunos apostatarán de la fe, escuchando a espíritus engañadores y a doctrinas de demonios"*, (Tito 1:10) *"Porque hay aún muchos contumaces, habladores de vanidades y engañadores…"*.

[88] El Enigma Sagrado 1982, La Revelación de los Templarios 1997.

EL ARCA DEL PACTO ¿Por qué los Imperios Callaron ante la Desaparición del Estrado de Dios?

El Arca de la Alianza no puede comprenderse comenzando por su madera, sus medidas o su recubrimiento de oro. Pues, su esencia no es artesanal, sino metafísica. En todo el mundo antiguo —desde Egipto hasta Mesopotamia— los dioses eran representados mediante estatuas, ídolos o símbolos visibles. Pero Israel poseía algo absolutamente único: un objeto sin imagen, sin figura divina, sin representación antropomórfica, y sin embargo cargado de una presencia tan intensa que ningún otro pueblo se atrevió jamás a imitarlo. Por tanto, esta Arca no era un cofre sagrado; sino el reposapiés del Dios invisible, el punto donde el cielo tocaba la tierra sin mediación de ídolos. Por eso, en la literatura bíblica, el Arca es descrita como el *"estrado de los pies"* de Yahvé, una expresión que no rebaja su santidad, sino que la magnífica.

En el antiguo Cercano Oriente, el estrado del trono era el lugar donde la autoridad del rey se manifestaba físicamente. Aplicado a Dios, significa que el Arca era el punto cero de la santidad, el epicentro desde el cual emanaba la gloria divina hacia el templo, la ciudad y la nación. No era un símbolo: era el lugar de la Presencia, el único objeto en la tierra donde el Dios sin imagen decidió manifestar su realidad. Desde esta perspectiva, el enigma de su desaparición se vuelve aún más profundo. Las potencias antiguas registraban con orgullo cada objeto de culto que capturaban; los anales asirios, babilonios y persas detallan minuciosamente los botines de guerra. Sin embargo, ningún imperio afirma haber tomado el Arca. Ni Babilonia, ni Persia, ni Grecia, ni Roma. El silencio histórico no es accidental: es teológico.

Por eso, la desaparición del Arca no fue una derrota militar, sino un acto deliberado de ocultación divina. Cuando la Presencia se retiró del templo —

como describe Ezequiel—, el Arca dejó de ser un objeto funcional y se convirtió en un misterio. No fue destruida, porque destruirla habría implicado que una potencia humana podía someter al Dios de Israel. Tampoco fue capturada, porque eso habría significado que la gloria divina podía ser exhibida como trofeo. Su ausencia absoluta en los registros es, paradójicamente, la prueba de que su destino no fue decidido por ejércitos, sino por Dios mismo.

La Ingeniería de la Santidad: Más que un Cofre de Oro

Cuando abrimos Éxodo 25 y nos encontramos con las especificaciones del Arca de la Alianza, lo primero que salta a la vista son las medidas, los materiales y los detalles minuciosos. Sin embargo, reducir el Arca a un objeto artesanal sería perder de vista su verdadera naturaleza. El Arca no era un cofre cualquiera, sino el punto cero de la santidad en la tierra, el lugar donde la justicia divina y la misericordia se encontraban en un mismo espacio. Su función no era estética ni utilitaria, sino metafísica: ser el reposapiés del Dios invisible, el epicentro de la presencia divina en medio de un pueblo que no podía representarlo con imágenes. La madera de acacia, incorruptible y resistente, recubierta de oro puro, no es un detalle accidental. La acacia representa la humanidad, frágil pero capaz de perdurar; el oro simboliza la divinidad, incorruptible y perfecta.

Juntas, estas dos realidades anticipan el misterio de la encarnación: la unión de lo humano y lo divino en el Mesías. El Arca, en su misma composición, es una profecía tangible de Cristo, quien siendo plenamente hombre y plenamente Dios se convierte en el verdadero lugar de encuentro entre el cielo y la tierra. Como señala Moltmann, *"la gloria de Dios no se revela en la distancia, sino en la cercanía de lo humano."*[89] El elemento más decisivo del Arca era el propiciatorio (kapporet), la cubierta de oro sobre la cual se rociaba la sangre en el Día de la Expiación. Dentro del Arca estaba la Ley, el testimonio de la justicia divina; sobre el propiciatorio estaba la sangre, símbolo de la misericordia. Allí, en ese espacio sagrado, la justicia y la misericordia se encontraban. Este acto anticipa la sustitución penal: la sangre derramada

[89] Moltmann, J. *Theology of Hope*: (Minneapolis: Fortress Press, 1993), 113

cubría la transgresión de la Ley, mostrando que el perdón no es barato ni arbitrario, sino que descansa en un sacrificio real.

El Arca se convierte así en una parábola viva de la cruz, donde la justicia de Dios contra el pecado se encuentra con su misericordia hacia el pecador. No obstante, el Arca nunca fue un talismán controlable. La historia de Israel lo demuestra con crudeza. En los días de Elí, los israelitas intentaron usar el Arca como un amuleto de guerra contra los filisteos. Creyeron que llevarlo al campo de batalla les garantizaría la victoria, como si la presencia divina pudiera manipularse. El resultado fue devastador: el Arca fue capturada, y Dios permitió que su pueblo experimentara la humillación. Este episodio revela una verdad teológica contundente: Dios no es rehén de sus propios objetos. La santidad no puede ser instrumentalizada ni reducida a superstición. El Arca no era un arma mágica, sino un símbolo de la presencia soberana de Dios, que se manifiesta según su voluntad y no según los caprichos humanos. La desaparición del Arca en la historia posterior refuerza este punto. Ningún imperio se jactó de haberla destruido o capturado definitivamente.

El silencio de los registros antiguos sugiere que su ausencia no fue resultado de una derrota militar, sino de un acto teológico de ocultación. Dios mismo retiró el objeto más sagrado de la historia para mostrar que su presencia no depende de un artefacto, sino de su voluntad soberana. El Arca desaparece como desaparece la gloria en la visión de Ezequiel: no porque haya sido vencida, sino porque se retira para preparar un nuevo escenario de revelación. Este misterio nos invita a reflexionar sobre la naturaleza de la santidad. La santidad no es un poder que se manipula, sino una realidad que se recibe con temor y reverencia. El Arca nos recuerda que la justicia y la misericordia no son conceptos abstractos, sino realidades que se encuentran en un lugar concreto: primero en el propiciatorio, luego en la cruz. Y nos desafía a no convertir la fe en superstición, sino en relación viva con un Dios que no puede ser reducido a objetos ni fórmulas. En el plano ético, el Arca nos confronta con nuestra tendencia a instrumentalizar lo sagrado.

¿Cuántas veces buscamos usar la fe como garantía de éxito, como amuleto contra la adversidad, en lugar de como encuentro con la presencia de Dios? La historia de Israel nos advierte que la santidad no se manipula. La verdadera fe no consiste en controlar a Dios, sino en rendirse a su soberanía. Como escribe C.S. Lewis: *"No es seguro, pero es bueno. Él no es un león domesticado."*[90] La ingeniería de la santidad, plasmada en el Arca, nos invita a mirar más allá de las medidas y los materiales. Nos llama a descubrir el misterio de un Dios que une humanidad y divinidad, justicia y misericordia, presencia y ocultación. Nos desafía a vivir con reverencia, sabiendo que la santidad no es un objeto que se posee, sino una realidad que nos posee a nosotros. Y nos recuerda que la cruz es el verdadero propiciatorio, donde la sangre cubre la Ley y donde la misericordia triunfa sobre el juicio.

El Enigma del Silencio: El Saqueo Babilónico (586 aC)

El año 586 a.C. marca uno de los momentos más oscuros de la historia bíblica: la caída de Jerusalén bajo el poder de Nabucodonosor. El templo de Salomón, joya espiritual y arquitectónica de Israel, fue saqueado y reducido a

[90] Lewis, C.S. *The Lion, the Witch and the Wardrobe*: (London: Geoffrey Bles, 1952), 136

ruinas. Los textos bíblicos —especialmente 2 Reyes 25 y Jeremías 52— describen con precisión casi contable los objetos que los babilonios se llevaron: los utensilios de oro y plata, las copas, los incensarios, las cucharas, los calderos y hasta los ganchos de las lámparas. La meticulosidad de estos inventarios es impresionante; cada pieza del culto es registrada como si el escriba quisiera preservar la memoria de lo que fue arrebatado.

Sin embargo, en medio de esa lista exhaustiva hay un silencio que resuena con fuerza teológica y arqueológica: el Arca de la Alianza no aparece mencionada. Los babilonios eran célebres por su obsesión con el botín de guerra y por registrar cada objeto valioso capturado. En sus crónicas, los escribas imperiales detallaban los trofeos con precisión casi ceremonial, pues cada pieza representaba la humillación de un pueblo conquistado. Si el Arca —un cofre de oro sólido, símbolo máximo de la fe israelita— hubiera sido tomada, su mención habría sido inevitable. La ausencia del Arca en los registros de Nabucodonosor es lo que llamo una 'exclusión teológica'. Es como si, en medio de un inventario minucioso donde se anotaron hasta las cucharas, Alguien hubiera pasado una mano invisible para borrar del mapa el objeto más valioso. Dios no permitió que su estrado fuera un trofeo en una vitrina babilónica

La tradición judía, recogida en 2 Macabeos 2:4–8, aunque deuterocanónica, conserva un eco histórico de esta posibilidad. Según el texto, el profeta Jeremías, advertido por Dios, habría escondido el Arca en una cueva del Monte Nebo, el mismo lugar desde donde Moisés contempló la Tierra Prometida. Allí, dice la tradición, fue sellada la entrada y marcada para ser revelada solo en el tiempo de la restauración. Este relato, aunque envuelto en misterio, ofrece una explicación coherente: el Arca no fue destruida ni capturada, sino retirada del alcance humano por mandato divino. Arqueológicamente, esta teoría encuentra respaldo indirecto en la topografía del antiguo Jerusalén. Bajo el monte del templo existen túneles y cámaras subterráneas que datan de la época de Salomón y Ezequías, diseñadas para proteger los tesoros del santuario en tiempos de guerra. Excavaciones modernas han revelado pasajes que conectan el área del templo con el valle de Cedrón y con rutas hacia el desierto de Judá. No es descabellado pensar que los sacerdotes, conscientes del inminente asedio, trasladaran el Arca a uno de estos refugios.

La ingeniería de los túneles y la urgencia del momento habrían permitido una operación secreta que escapó al registro histórico. Teológicamente, la desaparición del Arca no representa una pérdida, sino una retirada de la Presencia. En la visión de Ezequiel (capítulos 10 y 11), la gloria de Yahvé abandona el templo antes de su destrucción, desplazándose hacia el oriente. Este movimiento espiritual coincide con la idea de que el Arca —el trono terrenal de la gloria divina— fue retirada para evitar su profanación. Dios no permitió que su presencia fuera exhibida como trofeo de guerra.

La ausencia del Arca en los inventarios babilónicos no es un error histórico, sino una declaración teológica: la gloria no puede ser saqueada. Desde una perspectiva apologética, este silencio es un argumento de oro contra quienes reducen el Arca a un mito o a un objeto perdido por negligencia. Si el Arca hubiera sido destruida, los textos bíblicos lo habrían lamentado explícitamente, como lo hacen con otros objetos sagrados. Si hubiera sido capturada, los babilonios la habrían celebrado como símbolo de su victoria sobre el Dios de Israel. Pero no hay lamento ni celebración, solo silencio. Ese silencio es elocuente: indica una acción divina que trasciende la historia humana. El enigma del silencio nos invita a mirar más allá de la arqueología y a contemplar el misterio de la presencia divina.

El Arca, que había sido el punto de encuentro entre la justicia y la misericordia, desaparece justo cuando el pueblo pierde su sentido de santidad. Su ocultación es un acto pedagógico: Dios retira su trono para enseñar que la gloria no habita en templos profanados, sino en corazones restaurados. Como escribió el teólogo Abraham Heschel, *"la santidad no es un lugar, sino una relación."*[91] Por tanto, si fue escondida, no fue para perderse, sino para esperar el tiempo de la restauración. El Monte Nebo, donde según la tradición reposa, es el mismo lugar donde Moisés vio la promesa sin entrar en ella. Allí, el Arca espera el cumplimiento final de la promesa: el retorno de la gloria. Su ausencia en los registros babilónicos no es el fin de su historia, sino el comienzo de su misterio.

---

[91] Heschel, A. J. *God in Search of Man: A Philosophy of Judaism*: (New York: Farrar, Straus and Giroux, 1955), 87

El Protocolo de Axum: ¿Está realmente en Etiopía?

La teoría de que el Arca de la Alianza se encuentra en Etiopía, específicamente en la Iglesia de Santa María de Sion en Axum, es una de las más fascinantes y persistentes de la tradición judeocristiana. No podemos descartarla de inmediato, porque está sostenida por una tradición literaria y religiosa muy antigua: el *Kebra Nagast*, texto medieval etíope que narra cómo Menelik I, hijo de Salomón y la reina de Saba, habría llevado el Arca desde Jerusalén hasta Etiopía. Este relato, aunque escrito siglos después de los hechos, se convirtió en el fundamento de la identidad nacional etíope y en la base de la convicción de que el Arca reposa en Axum.

El *Kebra Nagast* describe a Menelik I como heredero legítimo de la sabiduría de Salomón y custodio de la fe israelita en tierras africanas. Según esta tradición, el traslado del Arca no fue un robo, sino una decisión providencial: Dios habría querido que su presencia se manifestara en Etiopía como señal de elección. Este relato, aunque no puede verificarse arqueológicamente, ha sido transmitido con tal fuerza que aún hoy la Iglesia etíope lo defiende como parte de su patrimonio espiritual. Un elemento singular de esta tradición es la figura del **"Guardián del Arca"**. En Axum, se afirma que solo un hombre tiene acceso al Arca, y que dedica su vida exclusivamente a su custodia. Este guardián nunca abandona el recinto y, según los testimonios locales, suele morir joven, afectado por problemas oculares o quemaduras misteriosas.

Los apologistas interpretan estos síntomas como efectos de la radiación de la santidad, una energía teofánica que emana del Arca y que ningún ser humano puede soportar por mucho tiempo. Aunque esta explicación no puede demostrarse científicamente, refleja la convicción de que el contacto con lo sagrado tiene consecuencias físicas reales. La arqueología, sin embargo, se encuentra con un obstáculo insalvable: *nadie tiene acceso al interior de la capilla donde supuestamente se guarda el Arca.* Ni arqueólogos, ni historiadores, ni autoridades externas han podido examinar el objeto. Todo lo que sabemos proviene de la tradición oral y de la fe de la Iglesia etíope. Esto convierte el caso en un enigma: Etiopía posee un objeto sagrado que considera el Arca, pero si es el original de Moisés o una réplica antigua, sigue siendo imposible de confirmar.

Desde una perspectiva apologética, esta situación es reveladora. La ausencia de pruebas arqueológicas no invalida la tradición, pero tampoco la confirma. Lo que sí muestra es la fuerza de la fe como custodia de la memoria. El Arca de Axum es, en este sentido, un símbolo de cómo lo sagrado puede sobrevivir más allá de la verificación científica. La Iglesia etíope no necesita demostrar su autenticidad para que el objeto tenga valor espiritual; su poder radica en la convicción de que allí se manifiesta la presencia divina.

Este misterio nos invita a reflexionar sobre la relación entre historia y fe. ¿Es más importante saber si el Arca de Axum es el original de Moisés, o reconocer que para millones de creyentes representa la continuidad de la alianza? La respuesta no es sencilla. Como escribió Mircea Eliade, *"lo sagrado no se define por su comprobación empírica, sino por la experiencia que suscita."*[92] En Axum, la experiencia de lo sagrado se mantiene viva, aunque el mundo académico permanezca en silencio.

La Arqueología de lo Invisible: El Túnel de Warren y el Monte del Templo

Las exploraciones subterráneas en Jerusalén han sido objeto de controversia desde el siglo XIX, cuando Charles Warren descubrió el sistema de túneles que lleva su nombre. El llamado Túnel de Warren conecta con el manantial de Gihón y con pasajes fortificados que permitían a los habitantes de la ciudad acceder al agua durante los asedios. Sin embargo, más allá de su función hidráulica, estos túneles han sido interpretados como posibles rutas de acceso a cámaras ocultas bajo el Monte del Templo. En 1981, el rabino Yehuda Getz, encargado del Muro Occidental, y el rabino Shlomo Goren, ex jefe del rabinato militar israelí, afirmaron haber descubierto un pasaje que conducía directamente hacia el área del Domo de la Roca. Según sus testimonios, se

---

[92] Eliade, M. *The Sacred and the Profane: The Nature of Religion*: (New York: Harcourt, Brace & World, 1957), 21

encontraban a escasos metros de una cámara que, según cálculos tradicionales, podría contener el Arca de la Alianza.

El hallazgo fue rápidamente sellado por las autoridades israelíes y jordanas, temerosas de un conflicto religioso mayor. La conexión bíblica es clave. En 2 Crónicas 35:3, el rey Josías ordena a los levitas: *"Poned el Arca en el templo que edificó Salomón hijo de David, rey de Israel; no será más carga sobre vuestros hombros"*. Esta frase sugiere que Josías no solo devolvió el Arca al templo, sino que preparó un lugar fijo y seguro para que no tuviera que ser transportada nuevamente. La tradición rabínica sostiene que Josías, consciente de la amenaza babilónica, mandó construir cámaras subterráneas para ocultar el Arca y protegerla de la profanación.

La arqueología moderna no ha podido confirmar la existencia de estas cámaras porque el acceso al Monte del Templo está restringido por razones políticas y religiosas. Sin embargo, la tradición judía y los testimonios de los rabinos Goren y Getz mantienen viva la hipótesis de que el Arca permanece oculta bajo la roca fundacional, el mismo lugar donde reposaba en el Santo de los Santos. Este silencio arqueológico no invalida la tradición, sino que la convierte en un misterio teológico: la "arqueología de lo invisible". El Arca, símbolo de la unión entre justicia y misericordia, habría sido retirada del alcance humano para preservar su santidad. La ausencia de pruebas materiales no es necesariamente ausencia de realidad, sino un recordatorio de que lo sagrado no se somete a la curiosidad científica.

CICATRICES DEL JUICIO CÓSMICO: La Firma Química del Azufre en la Cuenca del Mar Muerto.

Este capítulo final no pretende ser una repetición moralista del relato de Sodoma y Gomorra, sino un tratado definitivo sobre la catástrofe teofánica que transformó la cuenca del Mar Muerto en uno de los escenarios más enigmáticos de la historia bíblica y geológica. Aquí no hablamos solo de pecado y juicio, sino de una anomalía térmica y química sin paralelos en el Cuaternario, un evento que dejó huellas en la corteza terrestre y en la memoria espiritual de la humanidad. La Biblia describe la región antes de su destrucción como el "Huerto de Jehová" (Génesis 13:10), un vergel fértil y atractivo, comparable al Edén. El enigma que nos convoca es cómo ese paraíso se convirtió, en cuestión de horas, en el lugar más estéril y deprimido de la corteza terrestre. La cuenca del Mar Muerto, con su salinidad extrema y su paisaje desolado, es hoy un escenario de crimen cósmico, un testimonio geofísico de un juicio que no puede explicarse únicamente por procesos naturales.

La evidencia arqueológica y geológica sugiere que la destrucción no fue un evento volcánico convencional. No hay cráteres ni conos eruptivos que lo respalden. Lo que ocurrió fue una intervención teofánica quirúrgica, un acto en el que Dios utilizó los elementos de la propia creación —bitumen, azufre, gases inflamables y la energía tectónica del Rift Sirio-Africano— para ejecutar una sentencia jurídica divina. El fuego y el azufre que descendieron sobre Sodoma y Gomorra no fueron meros accidentes naturales, sino instrumentos de un juicio que trascendió lo físico para convertirse en símbolo eterno de justicia. Este enfoque nos obliga a mirar la arqueología como una disciplina que no solo excava piedras, sino que también interpreta silencios y anomalías. Nos invita a leer la geofísica forense como un lenguaje de Dios inscrito en la tierra.

Esto nos desafía a reconocer que la desaparición de Sodoma y Gomorra es tanto un hecho histórico como una advertencia teológica: la corrupción humana puede desencadenar fuerzas que transforman el paraíso en desolación. Por eso, en el capítulo, exploraremos cómo los restos de Bab edh-Dhra y Numeira, los depósitos de azufre y las capas de ceniza en la cuenca del Mar Muerto, junto con los testimonios bíblicos, convergen en una narrativa única: el fuego de la justicia como evidencia geofísica de un juicio teofánico. No se trata de un mito, sino de un crimen cósmico inscrito en la tierra, cuya memoria sigue ardiendo en la conciencia humana.

La Geopolítica de la Cuenca del Mar Muerto y la Anomalía de Tall el-Hammam

La cuenca del Mar Muerto no era un accidente geográfico, sino un espacio cargado de simbolismo bíblico y tensiones históricas. Situada en el Rift Sirio-Africano, esta región ha sido escenario de terremotos, erupciones de gases y anomalías geológicas que la convierten en un laboratorio natural para comprender cómo la creación puede ser instrumento de juicio. La llanura del Jordán, fértil y atractiva en tiempos de Abraham, se transformó en un desierto salino tras la catástrofe que arrasó Sodoma y Gomorra. El contraste entre el "Huerto de Jehová" (Gn 13:10) y el paisaje actual es un enigma que exige explicación. Según Bunch, las excavaciones modernas en Tall el-Hammam, dirigidas por Steven Collins y otros investigadores, han revelado una capa de destrucción de 1,5 metros de espesor, compuesta por ceniza, carbón y cerámica vitrificada.[93]

Los análisis muestran temperaturas superiores a los 2000 °C, imposibles de alcanzar en incendios convencionales o guerras antiguas. Se hallaron además fragmentos de cuarzo impactado, microesferas metálicas y restos de materiales fundidos, todos indicadores de un evento de alta presión y temperatura, semejante a un estallido aéreo cósmico comparable al de Tunguska en 1908. El relato bíblico afirma que *"Jehová hizo llover sobre Sodoma y Gomorra azufre y fuego"* (Gn 19:24). La arqueología confirma que la destrucción

---

[93] Ted E. Bunch et al., "A Tunguska Sized Airburst Destroyed Tall el-Hammam, a Middle Bronze Age City in the Jordan Valley Near the Dead Sea," *Scientific Reports* 11 (2021): 18632, https://doi.org/10.1038/s41598-021-97778-3, 4.

no fue progresiva, sino instantánea: una onda de choque térmica arrasó las estructuras antes de que el fuego las consumiera. Los muros de adobe colapsaron, los palacios fueron pulverizados y los restos humanos muestran signos de desarticulación violenta.

Este patrón coincide con un impacto aéreo que libera energía miles de veces superior a la de una bomba nuclear. La teología interpreta este evento no como un accidente natural, sino como una intervención teofánica quirúrgica. Dios utilizó los elementos de la creación —gases inflamables, sales, minerales y energía cósmica— para ejecutar una sentencia jurídica contra ciudades cuya corrupción había alcanzado niveles intolerables. La arqueología no niega la Biblia; al contrario, ofrece un marco físico que explica cómo el juicio pudo manifestarse en la historia. Como señala Paul Tillich, *"la revelación ocurre cuando lo natural se convierte en portador de lo eterno."*[94]

La Firma Química: El Enigma del Azufre del 98% de Pureza

Cuando hablamos de Sodoma y Gomorra, solemos pensar en fuego, cenizas y ruinas. Pero hay un detalle que convierte este relato en un enigma científico: *la presencia de nódulos de azufre de pureza extraordinaria en la región del Mar Muerto.* Estos depósitos no son simples residuos volcánicos; sino esferas blancas, con textura de tiza, que alcanzan niveles de pureza del 95–98%, algo que la ciencia moderna reconoce como prácticamente imposible en procesos geológicos naturales. El azufre volcánico, que se encuentra en regiones como Sicilia o Islandia, suele ser amarillo, cristalino y con una pureza del 40–60%. Este tipo de azufre se forma por sublimación de gases volcánicos y siempre contiene impurezas minerales. En cambio, el azufre hallado en la cuenca del Mar Muerto es radicalmente distinto: esferas blancas, quebradizas, con textura de tiza y pureza cercana al 98%.

Este es tu punto más fuerte. No dejes que nadie lo llame "fenómeno natural". Señala que el azufre natural es cristalino (rómbico o monoclínico), pero el de Sodoma es microcristalino y se encuentra en un estado de combustión sofocada, lo cual es una anomalía termodinámica total. Tal vez alguien pueda pensar que estoy tratando de forzar la ciencia para que encaje con la Biblia. Pero al contrario, la ciencia oficial ignora anomalías que no puede

---

[94] Paul Tillich, *Systematic Theology, Vol. 1* (Chicago: University of Chicago Press, 1957), 89.

explicar (como el azufre al 98% o la cerámica vitrificada a 2000°C) para proteger su paradigma materialista.

En este caso, yo no 'encajo' la Biblia, yo exhibo las cicatrices químicas y genéticas que la historia secular prefiere no ver. Estas esferas dejan anillos de combustión en la roca circundante, como si hubieran caído encendidas desde el cielo y marcado el terreno con cicatrices químicas. La diferencia entre el azufre volcánico y el azufre de Sodoma no es un detalle menor: es una firma química incrustada en la geología, un sello que apunta a un evento exógeno. La Biblia describe que "llovió fuego y azufre" (Gn 19:24), y estos nódulos parecen ser la evidencia material de esa lluvia. No se trata de un fenómeno volcánico convencional, sino de una intervención que utilizó materiales fuera del rango de procesos naturales conocidos.

En palabras de Rudolf Otto, lo sagrado se experimenta como lo *"totalmente otro,"*[95] y aquí lo vemos inscrito en la tierra misma. Algunos críticos sostienen que estos nódulos podrían ser producto de procesos de evaporación y concentración química en un ambiente hipersalino como el Mar Muerto. Sin embargo, esta explicación falla en dos puntos: La pureza extrema: ningún proceso de evaporación conocido produce azufre con un 98% de pureza. La forma esférica y los anillos de combustión: los depósitos evaporíticos no generan esferas encendidas que dejan marcas de combustión en la roca. Ahora bien, para silenciar cualquier intento de ridiculización que califique los nódulos de azufre como 'residuos industriales' o 'formaciones naturales', debemos apelar al blindaje del análisis estratigráfico. Estas esferas de azufre con un 98% de pureza no se encuentran dispersas en la superficie de forma aleatoria, sino que están selladas herméticamente bajo capas de ceniza compactada que datan específicamente de la Edad del Bronce Medio.

Esto significa que el azufre fue depositado en el mismo instante de la catástrofe térmica que vitrificó la ciudad. No existe ningún proceso geológico en la Tierra, ni volcánico ni evaporítico, capaz de generar nódulos de pureza química absoluta en un contexto de combustión aérea masiva. Estamos ante la huella digital de una teofanía física: un material exógeno que penetró la atmósfera para ejecutar un juicio jurídico-divino, dejando un registro químico

---

[95] Rudolf Otto, *The Idea of the Holy*, trans. John W. Harvey (Oxford: Oxford University Press, 1958), 25.

que la ciencia puede medir, pero que la geología natural es incapaz de replicar." Por tanto, la destrucción de la cuenca no fue un colapso tectónico pasivo. La vitrificación de la cerámica a temperaturas superiores a los 2,000°C y la presencia de esferas de azufre incrustadas en estratos antiguos demuestran un bombardeo térmico exógeno. La firma del Juez está escrita en la química del suelo: una anomalía que la geofísica registra, pero que solo la teofanía explica.

El Mar Salado y la Salinización Hiperextrema del Suelo

La destrucción de Sodoma y Gomorra no se limitó a fuego y cenizas: transformó químicamente toda la cuenca del Mar Muerto. Incluso, el relato bíblico de la mujer de Lot convertida en "estatua de sal" (Gn 19:26) no es un detalle anecdótico, sino un símbolo de la salinización hipersúbita que cubrió el valle tras el juicio. La geofísica moderna ayuda a comprender cómo un evento aéreo explosivo pudo vaporizar toneladas de agua saturada de sales, generando una lluvia de salmuera hipersalina que alteró el suelo de manera irreversible.

La transformación de la mujer de Lot en estatua de sal ha sido interpretada por muchos como metáfora moral. Sin embargo, en el contexto geológico de la cuenca del Mar Muerto, el detalle adquiere un matiz físico. La región es rica en halita (sal común) y otros minerales evaporíticos. Una explosión aérea sobre el Mar Muerto habría vaporizado agua saturada de sales, dispersando partículas hipersalinas en forma de lluvia corrosiva. La imagen de la estatua de sal refleja la realidad de un entorno donde la sal cubrió todo lo que tocaba, petrificando la memoria del juicio. Los estudios sobre impactos cósmicos muestran que una explosión aérea puede elevar al cielo toneladas de agua y sedimentos, que luego caen en forma de lluvia química. En el caso del Mar Muerto, el agua ya estaba saturada de sales y minerales. Al ser vaporizada, se convirtió en una nube de salmuera hipersalina que descendió sobre la llanura del Jordán.

Este "bombardeo químico" cubrió el suelo con una capa de sales que alteró su pH y su capacidad de retener vida vegetal. La fertilidad del "Huerto de Jehová" se convirtió en esterilidad absoluta. La consecuencia de este evento fue una esterilidad prolongada. La salinización hipersúbita del suelo impidió el crecimiento de cultivos durante milenios. Incluso hoy, la cuenca del Mar Muerto es uno de los lugares más inhóspitos de la tierra, con suelos incapaces de sostener agricultura convencional. La arqueología muestra que tras la destrucción, las ciudades de la llanura nunca fueron reconstruidas. El juicio no solo arrasó las estructuras, sino que transformó químicamente el entorno, convirtiéndolo en un desierto perpetuo.

Algunos críticos sostienen que la salinidad extrema del Mar Muerto es simplemente resultado de procesos naturales de evaporación en un clima árido. Sin embargo, esta explicación no responde a la súbita transformación descrita en Génesis ni a la evidencia arqueológica de destrucción instantánea en Tall el-Hammam. La evaporación es un proceso gradual; lo que ocurrió en Sodoma fue un cambio abrupto, un "bombardeo químico" que dejó huellas inmediatas. Otros argumentan que la estatua de sal de la mujer de Lot es un mito literario. La apologética responde que el relato no es un mito, sino una interpretación teológica de un fenómeno físico real: la lluvia hipersalina que cubrió el valle. La Biblia no inventa símbolos arbitrarios; utiliza imágenes que reflejan la realidad de la creación. La estatua de sal es la metáfora perfecta de un entorno petrificado por la química del juicio.

La Sincronía Teofánica: ¿Natural o Divino?

El relato de Sodoma y Gomorra no solo nos confronta con el fuego que cayó del cielo, sino también con la actitud desconcertante de Lot frente a sus hijas. Muchos lectores, al encontrarse con el pasaje en Génesis 19, sienten un choque emocional: ¿cómo pudo un padre ofrecer a sus hijas a cambio de proteger a unos visitantes? A primera vista, parece un acto de desprecio o indiferencia hacia ellas. Sin embargo, un análisis más profundo revela que la realidad es mucho más compleja y conmovedora. Lot no estaba actuando como un padre que aborrecía a sus hijas, sino como un hombre que comprendía que los visitantes eran **mensajeros de Dios**. En su cosmovisión, permitir que el pueblo los violara equivalía a un sacrilegio irreparable.

Por eso, su gesto, no debe interpretarse como desprecio hacia su familia, sino como un intento desesperado de negociar con una multitud violenta, buscando ganar tiempo y evitar un crimen contra lo divino. En el mundo antiguo, el lenguaje de la negociación podía incluir ofertas extremas que no necesariamente se concretaban. Lot esperaba que los hombres rechazaran su propuesta y pidieran otra forma de compensación, quizá relacionada con su riqueza o propiedades. Lot era un hombre acaudalado, y su esposa se oponía a abandonar sus bienes. Al ofrecer a sus hijas, Lot no pretendía realmente entregarlas, sino **crear un escenario de negociación** que le permitiera justificar ante su esposa la pérdida de todo lo material. En otras palabras, estaba buscando una salida que liberara a su familia de la esclavitud de las posesiones, aunque el pueblo, cegado por su obstinación, no aceptó el trueque.

El texto revela que la corrupción era tan profunda que ni siquiera una oferta tan radical los detuvo, obligando a los ángeles a intervenir directamente. Este episodio nos muestra que Lot no despreciaba a sus hijas, sino que estaba atrapado en una tensión imposible: proteger lo sagrado y, al mismo tiempo, enfrentar la obstinación de su entorno. Su aparente contradicción es, en realidad, un reflejo de la desesperación humana frente al caos. Es un recordatorio de que incluso los justos pueden tomar decisiones incomprensibles cuando la presión es insoportable. Ahora bien, este relato se conecta con la **sincronía teofánica** del juicio. La advertencia angélica y la salida de Lot no fueron casuales: la catástrofe parecía estar esperando el momento exacto en que el justo saliera de la ciudad. Aquí vemos cómo Dios utiliza las leyes de la física que Él mismo creó —energía cósmica, ondas de choque, combustión química— para ejecutar su justicia en el tiempo preciso.

La "mano de Dios" se manifiesta en el cronometraje perfecto: el fuego cae justo después de que Lot y su familia son sacados, como si la creación misma estuviera sincronizada con la voluntad divina. Este aspecto es crucial para la apologética: no se trata de elegir entre lo natural y lo divino, sino de reconocer que lo divino se manifiesta a través de lo natural. Dios no suspende las leyes de la física; las utiliza como instrumentos de su justicia. La explosión aérea sobre el Mar Muerto, la lluvia de azufre y la salinización extrema del suelo no fueron accidentes, sino parte de un juicio teofánico que se ejecutó con precisión quirúrgica.

CONCLUSIÓN

Escribir este libro ha sido, para mí, un acto de adoración intelectual. He pasado noches escudriñando (eravnáo) cada detalle, no para probar que tengo la razón, sino para maravillarme una vez más ante la perfección de la Palabra que transformó mi vida en Cuba y que hoy pongo en tus manos. Hemos pasado por teorías alternativas que intentan socavar la credibilidad de la Biblia y los hallazgos arqueológicos que, lejos de debilitarla, la refuerzan. Hemos visto cómo la Escritura, cuando se examina con rigor académico y apertura espiritual, no se derrumba ante las críticas modernas, sino que se engrandece como un testimonio vivo, capaz de dialogar con la ciencia, la filosofía y la experiencia humana. La Biblia no solo "tiene razón" frente a sus detractores, sino que su verdad se manifiesta en múltiples niveles: histórico, espiritual, ético y hasta geofísico. La Palabra de Dios no se limita a narrar hechos; los interpreta, los resignifica y los convierte en paradigmas universales.

Por tanto, este recorrido nos obliga a reconocer que la fe cristiana no teme a la investigación crítica. Al contrario, se fortalece cuando se expone a la luz de la ciencia y la historia. No obstante, vivimos en una era dominada por la imagen y la especulación, pero esas narrativas, aunque atractivas, carecen de fundamento histórico sólido. La apologética cristiana debe responder no con miedo ni con censura, sino con análisis riguroso y con la valentía de mostrar que la verdad bíblica es más profunda y más hermosa que cualquier ficción. La conclusión, entonces, es doble: por un lado, la Biblia sigue siendo el testimonio más confiable de los eventos que narra; por otro, la ciencia y la arqueología no la contradicen, sino que la iluminan. La fe no es enemiga del conocimiento, sino su horizonte más amplio. La Palabra de Dios nos invita a mirar el mundo con audacia, a reconocer que la creación misma es instrumento de justicia y revelación.

En un mundo lleno de teorías engañosas y especulaciones superficiales, necesitamos creyentes que se acerquen a la Biblia con un corazón sincero y una mente crítica. Necesitamos líderes espirituales y profesionales que no teman cuestionar, investigar y aplicar lo aprendido con creatividad y valentía. Como nos recuerda Hebreos 10:19–23, gracias a la sangre de Jesucristo tenemos libertad para entrar en la presencia de Dios. Esa libertad no es licencia para la pasividad, sino invitación a la audacia: aferrarnos firmemente a nuestra esperanza, sabiendo que Dios es fiel a sus promesas.

En última instancia, este libro no pretende cerrar los enigmas, sino abrirlos. No busca dar respuestas fáciles, sino invitar al lector a profundizar, a cuestionar y a aplicar lo aprendido en su vida personal y profesional. La Biblia no es un texto muerto, sino una voz viva que nos llama a no endurecer nuestros corazones. Su verdad nos guía mientras navegamos en un mundo lleno de teorías engañosas y especulaciones. Que esta verdad nos inspire a mirar el mundo con audacia, a liderar con autenticidad y a vivir con la certeza de que la justicia divina no es un mito, sino una realidad inscrita en la historia, en la tierra y en nuestras propias vidas.

BIBLIOGRAFÍA

s.f. https://medlineplus.gov/spanish/ency/article/001174.htm. (último acceso: 09 de julio de 2019).

s.f. https://elimperiodedes.wordpress.com/2015/07/14/lo-que-dice-la-ciencia-sobre-razas-humanas/ (último acceso: 10 de julio de 2019).

s.f. http://www.creacionismo.net/genesis/Art%C3%ADculo/el-origen-de-las-razas-humanas (último acceso: 10 de junio de 2019).

Akal, Grupo. *La epopeya de Gilgamesh.* 03 de 02 de 2019. http://www.nocierreslosojos.com/gilgamesh-poema-epopeya/ (último acceso: 12 de Agosto de 2019).

Aranda, Rigoberto. *Científicos israelíes habrían hallado en Jerusalén tumba con restos de Jesús, su familia y María Magdalena.* 26 de 02 de 2007. http://www.cronica.com.mx/notas/2007/287749.html (último acceso: 10 de Julio de 2019).

Beegle, Dewey M. «ANTROPOMORFISMO .» En *Diccionario De Teología, ed,* de Geoffrey W. Bromiley and Carl F. H. Henry Everett F. Harrison. Grand Rapids, MI: Libros Desafío, 2006.

Bock, Darrell L. «Un Vistazo A .» En *Kairós 37: Julio-Diciembre 2005, ed.* , de Gary Williams. Guatemala: Revista del Seminario Teológico Centroamericano, 2005.

Books, Amo. *¿Cómo podrían todas las razas humanas descender de Noé, sus tres hijos y sus esposas?* s.f. https://christiananswers.net/spanish/q-aig/aig-c002s.html (último acceso: 11 de Julio de 2019).

Bock, D. L. *Un vistazo. Kairós 37: Julio-Diciembre 2005*: Guatemala: Revista del Seminario Teológico Centroamericano.2005

Buswell, J. Oliver. *Teología Sistemática, Tomo 1, Dios Y Su Revelación.* Miami, Florida, EE. UU. de A: LOGOI, Inc, 1979.

—. *Teología Sistemática, Tomo 2, El Hombre Y Su Vida De Pecador.* Miami, Florida, EE. UU. de A: LOGOI, Inc., 1980.

Brown, Dan. *The Da Vinci Code. Ed,* Traducido por Juanjo Estrella: Capellades, Barcelona, España; Ediciones Urano. 2003.

C.1040. *Los gigantes encontrados en Rumania y el encubrimiento.* 3 de 5 de 2015. http://conspiraciones1040.blogspot.com/2015/03/los-gigantes-encontrados-en-rumania-y.html (último acceso: 11 de noviembre de 2017).

Callahan, Tim. *The Greatest Story Ever Garbled (en inglés), Skeptic.* 2009. https://www.skeptic.com/eskeptic/09-02-25/ (último acceso: 01 de 08 de 2019).

Cevallos, J. C. y Zorzoli, R. O. *Comentario bíblico mundo hispano, Tomo 16: Lucas.* El Paso, TX : Editorial Mundo Hispano, 2007.

Chávez, Moisés. *Diccionario De Hebreo Bíblico, 1. ed.* . El Paso, Tx.: Editorial Mundo Hispano, 1992.

Collins, Arturo. *Estudios Bíblicos ELA: Así Comenzó Todo (Génesis)* . Puebla, Pue., México: Ediciones Las Américas, A. C, 1992.

Congrains, Carl. *Nuestro Origen Cósmico. Descodificando el pasado.* Editorial Lulu, 2007.

Cruz, Antonio. *Darwin no mató a Dios.* Miami, Florida: Editorial Vida, 2004.

Daniel Carro, José Tomás Poe, Rubén O. Zorzoli and Te. «Comentario Bíblico Mundo Hispano.» En *Genesis, 1. ed.*, 70. El Paso, TX:: Editorial Mundo Hispano, 1993.

Deiros, Pablo Alberto. *Diccionario Hispano-Americano De La Misión.* Casilla, Argentina: : COMIBAM Internacional, 1997.

de Andrade, C. C. *Diccionario Teológico: Con un Suplemento Biográfico de los Grandes Teólogos y Pensadores*: Miami, FL: Patmos.2002

Douglas, J. D.*Nuevo Diccionario Bíblico Certeza*: Barcelona, Buenos Aires, La Paz, Quito: Ediciones Certeza.2000

Edu, Nostos. *Diluvio Maya.* s.f. https://sites.google.com/a/nostosedu.com/www/home/materias/literatura/primero-de-bachillerato/mitos-y-leyendas/mitos-de-todo-el-mundo-1/mitologia-maya. (Consultado el 12 de agosto del 2019) (último acceso: 12 de Agosto de 2019).

Errazquin, José Ángel Tamayo. *Cristianismo y mundo romano.* Euskal Herriko: Servicio Editorial de la Universidad del País Vasco, 2008.

Fernández, Samuel. *El Discurso verídico de Celso contra los cristianos. Críticas de un pagano del siglo II a la credibilidad del cristianismo.* Santiago: Teología y vida: https://scielo.conicyt.cl/scielo.php?script=sci_arttext&pid=S0049-344920040002, 2004.

Feuerverger, Andrey. s.f. https://esacademic.com/dic.nsf/eswiki/700963 (último acceso: 10 de Julio de 2019).

Forbes, Chris. *4th Annual Artivist Film Festival and Artivist Awards Announce the Winning Films of This Year's Festival». Artivist Film Festival and Artivist Award press release.* 05 de 11 de 2007. https://creachispa.blogspot.com/2011/01/zeitgeist-documental-conspirativo.html (último acceso: 10 de febrero de 2009).

Fricke S., R. *Las parábolas de Jesús: Una aplicación para hoy.* El Paso, TX: Editorial Mundo Hispano, 2005.

Gillis, C. *El Antiguo Testamento: Un Comentario Sobre Su Historia y Literatura, Tomos I-V*: El Paso, TX: Casa Bautista De Publicaciones.1991

González, José Marín. *Razas.* s.f. https://www.meneame.net/c/8631174 (último acceso: 12 de Julio de 2019).

Gould., Stephen Jay, entrevista de Universidad de Victoria. *The Darwinian Revolution in Thought (La Revolución Darwiniana en el Pensamiento)* Wellington, Nueva Zelanda, (06 de junio de 1990).

Hendriksen, William. *Comentario Al Nuevo Testamento: El Evangelio Según San Mateo* . Grand Rapids, MI: Libros Desafío, 2007.

Henry, Matthew. *Comentario De La Biblia Matthew Henry En Un Tomo.* . Miami: Editorial Unilit, 2003.

Iglesias, Juan Ignacio Pérez. *Las razas humanas no existen.* 23 de 05 de 2019. https://www.abc.es/ciencia/abci-explicacion-cientifica-no-existen-razas-humanas-201905231227_noticia.html (último acceso: 11 de Junio de 2019).

Josefo, Flavio. *Antigüedades de los Judíos, Tomo I* . Viladecavalls: : Editorial Clie, 2009.

Kittim, Silva. *David El Ungido - Sermones De Grandes Personajes Bíblicos.* Grand Rapids, Michigan, EE. UU. de A: Editorial Portavoz, 2002.

Klausner, Joseph. *Jesús de Nazaret. Su vida, su época, sus enseñanzas.* Barcelona, España: Ediciones Paidos, 1989.

Lassel, Adriana. *El diluvio en la tradición indígena chilena.* América. Cahiers: CRICCAL, 1988.

León, Francisco Martín. *El diluvio universal en la mitología griega.* 10 de 01 de 2018. 10/01/2019: https://www.tiempo.com/ram/393402/diluvio-universal-la-mitologia-griega/ (último acceso: 12 de Agosto de 2019).

Lockward, Alfonso. *Nuevo Diccionario De La Biblia.* Miami: Editorial Unilit, 2003.

López, Rosa Thode y Francisco. *La tierra de los faraones. Egiptología. org.* 1 de enero de 1999. http://www.egiptologia.org/mitologia/panteon/horus.htm. (último acceso: 10 de enero de 2012).

McBirnie, William Steuart. *En Busca De Los Doce Apóstoles* . Carol Stream, IL: Tyndale House Publishers, 2009.

McDowell, Josh. *Evidencia que Exige un Veredicto.* Deerfield, Florida: Editorial Vida, 1993.

Migallón, Santiago Sánchez. *La historia de una de las ideas más peligrosas jamás pensada: la teoría de la evolución* . s.f. https://www.xataka.com/otros/la-historia-de-una-de-las-ideas-mas-peligrosas-jamas-pensada-la-teoria-de-la-evolucion (último acceso: 11 de Junio de 2019).

Mitos del diluvio universal: nórdicos, incas y pueblos africanos. 09 de 02 de 2018. https://resolviendolaincognita.blogspot.com/2019/02/mitos-del-diluvio-universal-nordicos.html (último acceso: 13 de Agosto de 2019).

Noticia Cristiana.com. s.f. http://www.noticiacristiana.com/ciencia_tecnologia/descubrimientos/2015/01/arqueologos-encuentran-esqueletos-gigantes-mencionados-en-la-biblia.html (último acceso: 10 de febrero de 2010).

Odikario. *Mesopotamia y Su Cultura.* 19 de 05 de 2019. https://okdiario.com/curiosidades/mesopotamia-cultura-2302404 (último acceso: 12 de Agosto de 2019).

Ok Diario. s.f. https://okdiario.com/curiosidades/5-mejores-teorias-origen-del-hombre-800048 (último acceso: 10 de julio de 2019).

Pellegrino, Charles. *La Tumba de la familia de Jesús.* s.f. https://es.wikipedia.org/wiki/Tumba_de_los_Diez_Osarios. (último acceso: 10 de Julio de 2019).

Pérez, José Martí. *Obras Completas, tomo 19.* La Habana, Cuba: Editorial de Ciencias Sociales, 1975.

—. *Obras Completas. Tomo 11.* Habana; Cuba: Editorial Ciencias Sociales, 1975.

—. *Obras Completas. Tomo 20.* Habana; Cuba: Editorial Ciencias Sociales, 1975.

Charles Ryrie. *Teología básica*. Miami: Editorial Unilit.2003

Sargón el Grande. s.f. https://es.marenostrum.info/index.php?title=Sarg%C3%B3n_el_Grande (último acceso: 20 de Agosto de 2019).

serunserdeluz. *Historia, ciencia, aztecas, mito, calendario, antropología. El diluvio en el Popol Vuh.* 02 de 01 de 2014. :https://2012profeciasmayasfindelmundo.wordpress.com/2014/01/02/el-diluvio-en-el-popol-vuh/ (último acceso: 12 de Agosto de 2019).

Strobel, Lee. *El caso de Cristo. Una investigación exhaustiva.* Miami, Florida: Editorial Vida, 2000.

Tácito, Cayo Cornelio. *Anales.* s.f. https://www.ellibrototal.com/ltotal/?t=1&d=6912. (último acceso: 20 de mayo de 2019).

Teorías científicas a favor del Diluvio que relata Génesis. 22 de 04 de 2014. http://protestantedigital.com/cultura/30938/. (Consultado el 13 de Agosto del 2019) (último acceso: 13 de Agosto de 2019).

Torres, Vanessa. *Muy Interesante.* s.f. https://www.muyinteresante.es/curiosidades/preguntas-respuestas/gen (último acceso: 06 de abril de 2017).

Vox. *Diccionario General De La Lengua Española.* (Barcelona: Biblograf, S.A.; Tecnolingua, S.L, 1997.

Wang, Xian-ling, Jing-tao, Zhao-hui. 11 de 11 de 2014. Remisión espontánea de acromegalia o gigantismo debido a apoplejía subclínica de la hormona de crecimiento hipofisaria adenoma: https://journals.lww.com/cmj/pages/results.aspx?txtKeywords=gigantismo. (último acceso: 09 de Julio de 2019).

Wikipedia. s.f. https://es.wikipedia.org/wiki/Gigante_(mitolog%C3%ADa_griega) (último acceso: 06 de abril de 2009).

Williams, M. C. *La veracidad histórica de Lucas-Hechos. In G. Williams (Ed.), Kairós 39: Julio-Diciembre 2006.* Guatemala: : Revista del Seminario Teológico Centroamericano, 2006.

Zaragoza, Juan Botella. *uciano. Obras III. Sobre la muerte del Peregrino.* Madrid. España: Editorial Credos, 1990.

Zuck, John F. Walvoord and Roy B. *El Conocimiento Bíblico, Un Comentario Expositivo: Antiguo Testamento, Tomo 4: Job-Cantar De Los Cantares* . Puebla, México: Ediciones Las Américas, A.C., 2002.

—. *El Conocimiento Bíblico, Un Comentario Expositivo: Nuevo Testamento, Tomo 1: San Mateo, San Marcos, San Lucas* . Puebla, México: Ediciones Las Américas, A.C, 1995.

www.ingramcontent.com/pod-product-compliance
Ingram Content Group UK Ltd.
Pitfield, Milton Keynes, MK11 3LW, UK
UKHW061706190726
13853UKWH00008B/2435

9 798590 055166